Praise for *The Essential Neruda*

"If the notion had struck Pablo Neruda, I am quite sure that like Fernando Pessoa and Antonio Machado he would have given birth to what the former called heteronyms. Like Pessoa especially, Neruda can be several poets according to where he is and when and what his mood might be. It is quite fitting therefore that his work in this anthology be shared by various translators, for, ideally, a translator is but another heteronym speaking in a different tongue and at a different time. Neruda is well served here by these other voices of his."
— Gregory Rabassa, translator of Gabriel García Marquez

"What better way to celebrate the hundred years of Neruda's glorious residence on our earth than this selection of crucial works — in both languages! — by one of the greatest poets of all time. A splendid way to begin a love affair with our Pablo or, having already succumbed to his infinite charms, revisit him passionately again and again and yet again."
— Ariel Dorfman, author of *Death and the Maiden*

"A magnificent selection of Neruda's most enduring work. New nuance-sensitive translations make Neruda in English finally sound and feel like Neruda in Spanish."
— Rene DeCosta, author of *The Poetry of Pablo Neruda*

THE
ESSENTIAL
NERUDA

SELECTED POEMS

Edited by MARK EISNER

Translated by
MARK EISNER
JOHN FELSTINER
FORREST GANDER
ROBERT HASS
JACK HIRSCHMAN
STEPHEN KESSLER
STEPHEN MITCHELL
ALASTAIR REID

CITY LIGHTS BOOKS
SAN FRANCISCO

English translations © each individual translator
See p. 203 for a continuation of © information.

Cover photograph by Rona Eisner
Cover design by Yolanda Montijo
Book design by Elaine Katzenberger
Typography by Harvest Graphics

FUNDACION PABLO NERUDA

This book is a co-publication of City Lights
Books and Fundación Pablo Neruda.

Library of Congress Cataloging-in-Publication Data

Neruda, Pablo, 1904-1973.
 [Poems. English & Spanish. Selections]
 The essential Neruda : selected poems / edited by Mark Eisner ;
translated by Forrest Gander . . . [et al.].
     p.   cm.
English and Spanish.
 ISBN 0-87286-428-6
 1. Neruda, Pablo, 1904-1973—Translations into English.
I. Eisner, Mark, 1973-   II. Gander, Forrest, 1956-   III. Title.
PQ8097.N4A235 2004
861'.64 — dc22   2003025360

Visit our website: www.citylights.com

City Lights Books are edited by Lawrence Ferlinghetti and
Nancy J. Peters and published at the City Lights Bookstore,
261 Columbus Avenue, San Francisco, CA 94133.

Acknowledgments

There are many people I must thank, from Elaine Katzenberger, my editor and publisher at City Lights; to the young Chilena who sang Neruda's poetry to me in an Incan cave in northern Bolivia, dancing as I tapped a drum; to Abram Brosseit and Peter Billig for their profound friendship and for getting me on the road. Most of all, I thank my parents, Gilbert and Rona Eisner, for their complete love and faithful support.

My work on this book has been sponsored and funded by Stanford's Department of Spanish and Portuguese; Tobias Wolff and the Creative Writing Program; and most importantly, Drs. Kathleen Morrison, Terry Karl, and James Fox and the Center for Latin American Studies. I also received a grant from Stanford's Overseas Studies Program to study and collaborate on the project in Santiago with Michael Predmore and Federico Schopf in the North American winter of 2002.

"On our earth, before writing was invented, before the printing press was invented, poetry flourished. That is why we know that poetry is like bread; it should be shared by all, by scholars and by peasants, by all our vast, incredible, extraordinary family of humanity."

— Pablo Neruda

Translators

Mark Eisner
John Felstiner
Forrest Gander
Robert Hass
Jack Hirschman
Stephen Kessler
Stephen Mitchell
Alastair Reid

*Translator credits are given at the end of each translation,
indicated by the translator's initials.*

Contents

Preface

There have been many Pablos in history, and Pablo Neruda is one to exceed Picasso in the prolific production of great works, as well as in the depths of his proletarian empathies.

I met this Pablo in the Hotel Havana Libre (once the Havana Hilton) in 1959 in the first days of revolutionary euphoria, and that night he spoke his poetry to several thousands of multi-ethnic Fidelistas (still in combat clothes) in the great government hall where the late dictator had held forth. His rapport with the masses was evident in every poem he spoke (with standing ovations), just as poems in this book speak to us all, Spanish-speaking or not.

Neruda had told me before the reading, "I love your wide-open poetry"—by which he meant, I believe, the poetry of the Beat Generation that we had published in San Francisco and some of which had been published in translation in *Lunes de Revolución* (the Monday literary supplement to the big daily).

And I answered, "You opened the door." I hope this edition will open the door for the greater North American public. We all need these messages.

Lawrence Ferlinghetti
San Francisco, January 2004

Introduction

This has been a long voyage. After backpacking through three years of dreams and adventures down through Latin America, I found myself in Chile, that slender country sliding off towards Antarctica, working on a rustic ranch in the rugged central valley. It was Neruda's earth. Here grew his red poppies; here grew the grapes that made his velvet red wine; here was his sea; here was his dirt.

As a junior at the University of Michigan I had studied and worked abroad in Central America. A friend told me to take along some Neruda, and I have ever since, that same weathered book always in the top of my tattered green pack, from Cuba to Mexico to the silver stones of Macchu Picchu. But in Chile, Neruda was everywhere. I became saturated with his poetry and began to translate his poems. Although there were many beautiful existing translations, many others did not flow as I felt they should and I often had interpretive differences with them.

Then, on one of my frequent visits to *La Chascona*, Neruda's house in Santiago, I met a young Chilean woman. She was working for the *Fundación Neruda* [Neruda Foundation] while doing graduate work in feminist Latin American literature at the poet's old school, the University of Chile. She let me sit at Pablo's desk, with his framed picture of Walt Whitman on it. She introduced me to her professors and members of the Foundation, and it was in conversations there that the idea for this book was conceived: in honor of the centennial of Neruda's birth in the year 2004, a new book of translations would be born as a fresh voice, involving an unprecedented collaboration with academics to better empower the translator-poets.

Translation is an arduous and complicated process involving many phases of thought and work. John Felstiner has written a very important book about translating based on his experience with just one single work of Neruda's canon, *The Heights of Macchu Picchu*, and in it he indicates the breadth of analysis and interpretation that must accompany the art of crafting a new translation. "With hindsight, of course," Felstiner wrote, "one can all too easily fault earlier practitioners or forget that one's improvements depend on their work in the first place. And possibly the early stages of translating a poet are marked with too much fealty: word or sense-for-sense renderings that stop short of exploiting the translator's own tongue. Still, the essential question is not one of stages, of early as against contemporary versions. We have always to ask if a given translation comes across in its own right, as convincing as any good poem of the day. In most cases, the idiom of translators goes stale sooner than that of other writers, so that ideally, the salient poets from any period deserve retranslating for the ear of each new generation."

Before writing a translation, one must read into the poem. One must digest the words and their meanings and let them flow back out like a jeweled river. And there will be questions, some of which will never be solved. The only person who could answer them is the poet himself, if even he could. One poet can sense a poem differently than another does. There can be no "definitive" translation. As Gregory Rabassa, a well-known translator of Latin American literature from Mario Vargas Llosa to Gabriel García Marquez puts it: "a translation is never finished . . . it is open and could go on to infinity." Edmund Keeley, prominent translator of Greek poetry, wrote: "translation is a moveable feast

. . . there must always be room for retouching and sharpening that image as new taste and new perception may indicate."

In the case of this project, the discovery and achievement of those new perceptions were achieved through collaborative effort. Scholars — *Nerudianos* — in both Chile and the U.S. were asked to participate, forming a bridge linking academics, editor, translators and poets. Federico Schopf, Professor of Literature at the University of Chile, one of the world's most important voices on Neruda, was the first to join; thereafter the University's Faculty of Philosophy and Humanities became a patron of the project. Upon my return to the United States, I engaged two Chileans, Jaime Concha of the University of California-San Diego, one of the sharpest Neruda scholars, and Marjorie Agosín, human rights activist, poet, and Professor of Spanish at Wellesley College. Concha introduced me to his compañero Michael Predmore, a professor of Spanish at Stanford, who would become my mentor and hero. John Felstiner was also at Stanford where I had applied for graduate work, and I am indebted to him for his initial validation of and enthusiasm for the project. All of these academics helped to select and refine the list of poems that would finally be included in this volume, and they also helped us translators to discover some of those "new perceptions" to which Keeley alluded.

Now the project needed translators, and those who agreed to participate did so out of faith in both me and the idea of this book. For this, I thank each of them, especially Stephen Kessler for his generous advice and Alastair Reid for his ongoing support. I wanted translators who were also poets and who could dissolve the borders of language through lucid, magical, but faithful translation. I believe they have, and I hope that the reader's experience will reflect this belief. The vast majority of the poems included here are new translations. In some instances, previous versions have been revisited and revised, and a very few have just been left alone in their original form, since none of us could think of a thing to improve in them.

Finally, we all felt it was critical that this book be bilingual. Even if you do not speak Spanish, I urge you to read the original poems. The words have notes, they resonate like a song. Our translations can never aspire to exactly replicate the rhythms and colors of Neruda's words, but you must feel their tones. Just as a wonderful bottle of vintage wine has no words but you can taste its language, so it is with the earthen textures of Neruda's red poppies and politics. Alastair Reid wrote that translation is "a process of moving closer and closer to the original, yet of never arriving. It is for the reader to cross the page."

¡Que viva Pablo Neruda! ¡Que viva!

Mark Eisner
San Francisco, January 2004

THE
ESSENTIAL
NERUDA

VEINTE POEMAS DE AMOR: 1
Cuerpo de mujer

Cuerpo de mujer, blancas colinas, muslos blancos,
te pareces al mundo en tu actitud de entrega.
Mi cuerpo de labriego salvaje te socava
y hace saltar el hijo del fondo de la tierra.

Fui solo como un túnel. De mí huían los pájaros,
y en mí la noche entraba su invasión poderosa.
Para sobrevivirme te forjé como un arma,
como una flecha en mi arco, como una piedra en mi honda.

Pero cae la hora de la venganza, y te amo.
Cuerpo de piel, de musgo, de leche ávida y firme.
Ah los vasos del pecho! Ah los ojos de ausencia!
Ah las rosas del pubis! Ah tu voz lenta y triste!

Cuerpo de mujer mía, persistiré en tu gracia.
Mi sed, mi ansia sin límite, mi camino indeciso!
Oscuros cauces donde la sed eterna sigue,
y la fatiga sigue, y el dolor infinito.

TWENTY LOVE POEMS: 1
Body of woman

Body of woman, white hills, white thighs,
you look like the world in your attitude of surrender.
My savage peasant body plows through you
and makes the son surge from the depths of the earth.

I went alone as a tunnel. Birds fled from me,
I was invaded by the power of the night.
To survive myself I forged you like a weapon,
like an arrow in my bow, like a stone in my sling.

But the hour of vengeance strikes, and I love you.
Body of skin, of moss, of ardent, constant milk.
Ah the chalices of the breasts! Ah the eyes of absence!
Ah the roses of the pubis! Ah your voice slow and sad!

Body of my woman, I will persist in your grace.
My thirst, my infinite anguish, my indecisive path!
Dark riverbeds where eternal thirst follows,
and fatigue follows, and infinite sorrow.

ME

Inclinado en las tardes

Inclinado en las tardes tiro mis tristes redes
a tus ojos oceánicos.

Allí se estira y arde en la más alta hoguera
mi soledad que da vueltas los brazos como un náufrago.

Hago rojas señales sobre tus ojos ausentes
que olean como el mar a la orilla de un faro.

Sólo guardas tinieblas, hembra distante y mía,
de tu mirada emerge a veces la costa del espanto.

Inclinado en las tardes echo mis tristes redes
a ese mar que sacude tus ojos oceánicos.

Los pájaros nocturnos picotean las primeras estrellas
que centellean como mi alma cuando te amo.

Galopa la noche en su yegua sombría
desparramando espigas azules sobre el campo.

TWENTY LOVE POEMS: 7
Leaning into the evenings

Leaning into the evenings I throw my sad nets
to your ocean eyes.

There my loneliness stretches and burns in the tallest
    bonfire,
arms twisting like a drowning man's.

I cast red signals over your absent eyes
which lap like the sea at the lighthouse shore.

You guard only darkness, my distant female,
sometimes the coast of dread emerges from your stare.

Leaning into the evenings I toss my sad nets
to that sea which stirs your ocean eyes.

The night birds peck at the first stars
that twinkle like my soul as I love you.

Night gallops on her shadowy mare
scattering blue wheat stalks over the fields.

ME

Me gustas cuando callas

Me gustas cuando callas porque estás como ausente,
y me oyes desde lejos, y mi voz no te toca.
Parece que los ojos se te hubieran volado
y parece que un beso te cerrara la boca.

Como todas las cosas están llenas de mi alma,
emerges de las cosas, llena del alma mía.
Mariposa de sueño, te pareces a mi alma,
y te pareces a la palabra melancolía.

Me gustas cuando callas y estás como distante.
Y estás como quejándote, mariposa en arrullo.
Y me oyes desde lejos, y mi voz no te alcanza:
déjame que me calle con el silencio tuyo.

Déjame que te hable también con tu silencio
claro como una lámpara, simple como un anillo.
Eres como la noche, callada y constelada.
Tu silencio es de estrella, tan lejano y sencillo.

Me gustas cuando callas porque estás como ausente.
Distante y dolorosa como si hubieras muerto.
Una palabra entonces, una sonrisa bastan.
Y estoy alegre, alegre de que no sea cierto.

TWENTY LOVE POEMS: 15
I like it when you're quiet

I like it when you're quiet. It's as if you weren't here now,
and you heard me from a distance, and my voice
      couldn't reach you.
It's as if your eyes had flown away from you, and as if
your mouth were closed because I leaned to kiss you.

Just as all living things are filled with my soul,
you emerge from all living things filled with the soul of
      me.
It's as if, a butterfly in dreams, you were my soul,
and as if you were the soul's word, melancholy.

I like it when you're quiet. It's as if you'd gone away now.
And you'd become the keening, the butterfly's insistence.
And you heard me from a distance and my voice didn't
      reach you:
it's then that what I want is to be quiet with your silence.

It's then that what I want is to speak to your silence
in a speech as clear as lamplight, as plain as a gold ring.
You are quiet like the night, and like the night you're
      star-lit.
Your silences are star-like, they're a distant and a simple
      thing.

I like it when you're quiet. It's as if you weren't here now.
As if you were dead now, and sorrowful, and distant.
A word then is sufficient, or a smile, to make me happy,
Happy that it seems so certain that you're present.

RH

VEINTE POEMAS DEL AMOR: 20
Puedo escribir los versos más tristes

Puedo escribir los versos más tristes esta noche.

Escribir por ejemplo: "La noche está estrellada, y tiritan,
azules, los astros, a lo lejos".

El viento de la noche gira en el cielo y canta.

Puedo escribir los versos más tristes esta noche.
Yo la quise, y a veces ella también me quiso.

En las noches como ésta la tuve entre mis brazos.
La besé tantas veces bajo el cielo infinito.

Ella me quiso, a veces yo también la quería
Cómo no haber amado sus grandes ojos fijos.

Puedo escribir los versos más tristes esta noche.
Pensar que no la tengo. Sentir que la he perdido.

Oír la noche inmensa, más inmensa sin ella
Y el verso cae al alma como al pasto el rocío.

Qué importa que mi amor no pudiera guardarla.
La noche está estrellada y ella no está conmigo.

Eso es todo. A lo lejos alguien canta. A lo lejos.
Mi alma no se contenta con haberla perdido.

TWENTY LOVE POEMS: 20
I can write the saddest verses

I can write the saddest verses tonight.

Write, for example "The night is shattered with stars,
    twinkling blue, in the distance."

The night wind spins in the sky and sings.

I can write the saddest verses tonight.
I loved her, and sometimes she loved me too.

On nights like this I held her in my arms.
I kissed her so many times beneath the infinite sky.

She loved me, at times I loved her too.
How not to have loved her great still eyes.

I can write the saddest verses tonight.
To think that I don't have her. To feel that I have lost her.

To hear the immense night, more immense without her.
And the verse falls onto my soul like dew onto grass.

What difference that my love could not keep her.
The night is shattered, full of stars, and she is not with me.

That's all. In the distance, someone sings. In the
    distance.
My soul is not at peace with having lost her.

Como para acercarla mi mirada la busca,
Mi corazón la busca, y ella no está conmigo.

La misma noche que hace blanquear los mismos árboles.
Nosotros, los de entonces, ya no somos los mismos.

Ya no la quiero, es cierto, pero cuánto la quise.
Mi voz buscaba el viento para tocar su óido.

De otro. Será de otro. Como antes de mis besos.
Su voz, su cuerpo claro. Sus ojos infinitos.

Ya no la quiero, es cierto, pero tal vez la quiero.
Es tan corto el amor, y es tan largo el olvido.

Porque en noches como ésta la tuve entre mis brazos,
mi alma no se contenta con haberla perdido.

Aunque éste sea el último dolor que ella me causa,
y éstos sean los últimos verso que yo le escribo.

As if to bring her closer, my gaze searches for her,
My heart searches for her, and she is not with me.

The same night that whitens the same trees.
We, of then, now are no longer the same.

I no longer love her, it's true, but how much I loved her.
My voice searched for the wind that would touch her ear.

Another's. She will be another's. As before my kisses.
Her voice, her bright body. Her infinite eyes.

I no longer love her, it's true, but maybe I love her.
Love is so short, and forgetting is so long.

Because on nights like this I held her in my arms,
my soul is not at peace with having lost her.

Though this may be the final sorrow she causes me,
and these the last verses I write for her.

ME

GALOPE MUERTO

Como cenizas, como mares poblándose,
en la sumergida lentitud, en lo informe,
o como se oyen desde el alto de los caminos
cruzar las campanadas en cruz,
teniendo ese sonido ya aparte del metal,
confuso, pesado, haciéndose polvo
en el mismo molino de las formas demasiado lejos,
o recordadas o no vistas,
y el perfume de las ciruelas que rodando a tierra
se pudren en el tiempo, infinitamente verdes.

Aquello todo tan rápido, tan viviente,
inmóvil sin embargo, como la polea loca en sí misma,
esas ruedas de los motores, en fin.
Existiendo como las puntadas secas en las costuras del árbol,
callado, por alrededor, de tal modo,
mezclando todos los limbos sus colas.
Es que de dónde, por dónde, en qué orilla?
El rodeo constante, incierto, tan mudo,
como las lilas alrededor del convento,
o la llegada de la muerte a la lengua del buey
que cae a tumbos, guardabajo, y cuyos cuernos quieren
        sonar.

Por eso, en lo inmóvil, deteniéndose, percibir,
entonces, como aleteo inmenso, encima,
como abejas muertas o números,
ay, lo que mi corazón pálido no puede abarcar.
en multitudes, en lágrimas saliendo apenas,
y esfuerzos humanos, tormentas,

DEAD GALLOP

Like ashes, like oceans gathering themselves,
in the submerged slowness, in what's unformed,
or like hearing from a high place on the road
the cross-echo of church bells,
holding that sound just off the metal,
confused, weighing down, turning to dust,
in the same mill of forms, too far away,
remembered or never seen,
and the fragrance of plums rolling to the ground,
which rot in time, infinitely green.

That everything, so quick, so lively,
immobile, though, like the pulley, wild inside itself,
those wheels in motors, you know.
Existing like the dry stitches in the seams of the tree,
silent, encircling, like that,
all the limbs mixing up their tails.
I mean, from where, to where, on what shore?
The constant swirl, uncertain, so mute,
like the lilacs around the convent,
or death's arrival on the ox's tongue,
who falls in jerks, his guard down, his horns trying to
        sound.

That's why, in what's immobile, stopping oneself, to
        perceive,
then, like an immense fluttering of wings, above,
like dead bees or numbers,
ay, that which my pale heart can't embrace,
in multitudes, in tears scarcely shed,
and human exertions, storms,

acciones negras descubiertas de repente
como hielos, desorden vasto,
oceánico, para mi que entro cantando,
como una espada entre indefensos.

Ahora bien, de qué está hecho ese surgir de palomas
que hay entre la noche y el tiempo, como una barranca
      húmeda?
Ese sonido ya tan largo
que cae listando de piedras los caminos,
más bien, cuando sólo una hora
crece de improviso, extendiéndose sin tregua.

Adentro del anillo del verano
una vez los grandes zapallos escuchan,
estirando sus plantas conmovedoras,
de eso, de lo que solicitándose mucho,
de lo lleno, oscuros de pesadas gotas.

black actions suddenly discovered,
like ice, vast disorder,
oceanic, for me who enters singing,
like a sword among the defenseless.

All right then, what is it made of, that surge of doves
there between night and time, like a humid ravine?
That sound, already so long,
which falls striping the roads with stones,
or better yet, when just one hour
expands without warning, extending endlessly.

Within the ring of summer
the great pumpkins listen once,
stretching out their poignant plants,
of that, of what's asking so much of itself,
of what's full, dark with heavy drops.

ME (JF)

UNIDAD

Hay algo denso, unido, sentado en el fondo,
repitiendo su número, su señal idéntica.
Cómo se nota que las piedras han tocado el tiempo,
en su fina materia hay olor a edad,
y el agua que trae el mar, de sal y sueño.

Me rodea una misma cosa, un solo movimiento:
el peso del mineral, la luz de la miel,
se pegan al sonido de la palabra noche:
la tinta del trigo, del marfil, del llanto,
envejecidas, desteñidas, uniformes,
se unen en torno a mí como paredes.

Trabajo sordamente, girando sobre mí mismo,
como el cuervo sobre la muerte, el cuervo de luto.
Pienso, aislado en lo extremo de las estaciones,
central, rodeado de geografía silenciosa:
una temperatura parcial cae del cielo,
un extremo imperio de confusas unidades
se reúne rodeándome.

ONENESS

There's something dense, united, sitting in the
     background,
repeating its number, its identical signal.
How clear it is that stones have handled time,
in their fine substance there's the smell of age,
and water the sea brings, salty and sleepy.

Just one thing surrounds me, a single motion:
the weight of rocks, the light of honey,
fasten themselves to the sound of the word night:
the tones of wheat, of ivory, of tears,
aging, fading, blurring,
come together around me like a wall.

I toil deafly, circling above my self,
like a raven above death, grief's raven.
I'm thinking, isolated in the depths of the seasons,
dead center, surrounded by silent geography:
a piece of weather falls from the sky,
an extreme empire of confused unities
converges, encircling me.

SK

ARTE POETICA

Entre sombra y espacio, entre guarniciones y doncellas,
dotado de corazón singular y sueños funestos,
precipitadamente pálido, marchito en la frente
y con luto de viudo furioso por cada día de vida,
ay, para cada agua invisible que bebo soñolientamente
y de todo sonido que acojo temblando,
tengo la misma sed ausente y la misma fiebre fría
un oído que nace, una angustia indirecta,
como si llegaran ladrones o fantasmas,
y en una cáscara de extensión fija y profunda,
como un camarero humillado, como una campana un poco
    ronca,
como un espejo viejo, como un olor de casa sola
en la que los huéspedes entran de noche perdidamente
    ebrios,
y hay un olor de ropa tirada al suelo, y una ausencia de
    flores
— posiblemente de otro modo aún menos melancólico —,
pero, la verdad, de pronto, el viento que azota mi pecho,
las noches de substancia infinita caídas en mi dormitorio,
el ruido de un día que arde con sacrificio
me piden lo profetico que hay en mi, con melancolía
y un golpe de objetos que llaman sin ser respondidos
hay, y un movimiento sin tregua, y un nombre confuso.

ARS POETICA

Between shadow and space, between harnesses and virgins,
endowed with a singular heart and fatal dreams,
impetuously pale, withered in the forehead
and in mourning like an angry widower every day of my
      life,
oh, for every drink of invisible water I swallow drowsily
and with every sound I take in, trembling,
I feel the same missing thirst and the same cold fever,
an ear being born, an indirect anguish,
as if thieves were arriving, or ghosts,
and inside a long, deep, hollow shell,
like a humiliated waiter, like a bell gone a bit
      hoarse,
like an old mirror, like the smell of an empty house
where the guests come back at night hopelessly drunk,
and there's an odor of clothes thrown on the floor, and
      an absence of flowers
— or maybe somehow a little less melancholic —
but the truth is, suddenly, the wind lashing my chest,
the infinitely dense nights dropped into my bedroom,
the noise of a day burning with sacrifice
demand what there is in me of the prophetic, with
      melancholy
and there's a banging of objects that call without being
      answered,
and a restless motion, and a muddled name.

SK

SISTEMA SOMBRÍO

De cada uno de estos días negros como viejos hierros,
y abiertos por el sol como grandes bueyes rojos,
y apenas sostenidos por el aire y por los sueños,
y desaparecidos irremediablemente y de pronto,
nada ha substituido mis perturbados orígenes,
y las desiguales medidas que circulan en mi corazón
allí se fraguan de día y de noche, solitariamente,
y abarcan desordenadas y tristes cantidades.

Así, pues, como un vigía tornado insensible y ciego,
incrédulo y condenado a un doloroso acecho,
frente a la pared en que cada día del tiempo se une,
mis rostros diferentes se arriman y encadenan
como grandes flores pálidas y pesadas
tenazmente substituidas y difuntas.

SYSTEM OF GLOOM

From every one of these days black as old iron,
and opened up by the sun like big red oxen,
and barely kept alive by air and by dreams,
and suddenly and irremediably vanished,
nothing has taken the place of my troubled beginnings,
and the unequal measures pumping through my heart
are forged there day and night, all by themselves,
adding up to messy and miserable sums.

So that's how, like a lookout gone blind and senseless,
incredulous and condemned to a painful watch,
facing the wall where each day's time congeals,
my different faces gather and are bound in chains
like large, heavy, faded flowers
stubbornly temporary, dead already.

SK

EL FANTASMA DEL BUQUE DE CARGA

Distancia refugiada sobre tubos de espuma,
sal en rituales olas y órdenes definidos,
y un olor y rumor de buque viejo,
de podridas maderas y hierros averiados,
y fatigadas máquinas que aúllan y lloran
empujando la proa, pateando los costados,
mascando lamentos, tragando y tragando distancias,
haciendo un ruido de agrias aguas sobre las agrias aguas,
moviendo el viejo buque sobre las viejas aguas.

Bodegas interiores, túneles crepusculares
que el día intermitente de los puertos visita:
sacos, sacos que un dios sombrío ha acumulado
como animales grises, redondos y sin ojos,
con dulces orejas grises,
y vientres estimables llenos de trigo o copra,
sensitivas barrigas de mujeres encinta,
pobremente vestidas de gris, pacientemente
esperando en la sombra de un doloroso cine.

Las aguas exteriores de repente
se oyen pasar, corriendo como un caballo opaco,
con un ruido de pies de caballo en el agua,
rápidas, sumergiéndose otra vez en las aguas.
Nada más hay entonces que el tiempo en las
      cabinas:
el tiempo en el desventurado comedor solitario,
inmóvil y visible como una gran desgracia.
Olor de cuero y tela densamente gastados,
y cebollas, y aceite, y aún más,

THE PHANTOM OF THE CARGO SHIP

Distance given shelter above foaming pipelines,
salt in ritual waves and defined orders,
and the smell and rumble of an old ship,
of rotting timbers and rusting iron,
and tired machinery that howls and weeps
pushing the prow, kicking the sides,
mumbling low groans, swallowing and swallowing
    distances,
making a noise of sour waters over the sour waters,
moving the old ship over the old waters.

Interior holds, crepuscular tunnels
the occasional daylight of the ports penetrates:
sacks, sacks that some shadowy god has piled up
like gray, round, eyeless animals,
with little gray ears,
and respectable bellies full of wheat or coconut meat,
sensitive tummies of pregnant women,
poorly dressed in gray, patiently
waiting in the shadows of a gloomy moviehouse.

The waters outside suddenly
can be heard rushing past, running like a murky horse,
with a sound of horse's hooves on the water,
fast, then sinking back into the waters.
After that there's nothing more than time inside the
    cabins:
time in the dining room miserably abandoned,
still and visible like a great disgrace.
The smell of leather and cloth worn out from overuse,
and onions, and oil, and still more,

olor de alguien flotando en los rincones del buque,
olor de alguien sin nombre
que baja como una ola de aire las escalas,
y cruza corredores con su cuerpo ausente,
y observa con sus ojos que la muerte preserva.

Observa con sus ojos sin color, sin mirada,
lento, y pasa temblando, sin presencia ni sombra:
los sonidos lo arrugan, las cosas lo traspasan,
su transparencia hace brillar las sillas sucias.
Quién es ese fantasma sin cuerpo de fantasma,
con sus pasos livianos como harina nocturna
y su voz que sólo las cosas patrocinan?
Los muebles viajan llenos de su ser silencioso
como pequeños barcos dentro del viejo barco,
cargados de su ser desvanecido y vago:
los roperos, las verdes carpetas de las mesas,
el color de las cortinas y del suelo,
todo ha sufrido el lento vacío de sus manos,
y su respiración ha gastado las cosas.

Se desliza y resbala, desciende, transparente,
aire en el aire frío que corre sobre el buque,
con sus manos ocultas se apoya en las barandas
y mira el mar amargo que huye detrás del buque.
Solamente las aguas rechazan su influencia,
su color y su olor de olvidado fantasma,
y frescas y profundas desarrollan su baile
como vidas de fuego, como sangre o perfume,
nuevas y fuertes surgen, unidas y reunidas.

Sin gastarse las aguas, sin costumbre ni tiempo,
verdes de cantidad, eficaces y frías,

the smell of someone floating in the corners of the ship,
the smell of someone nameless
coming down the stairs like a wave of air,
and crossing the hallways in his absent body,
and watching with his eyes preserved by death.

He watches with his colorless, sightless eyes,
slowly, and floats past trembling, shadowless, not present:
sounds wrinkle him, things pass through him,
his transparency gives a glow to the dirty chairs.
Who is this ghost without a ghost's body,
with his footsteps light as flour dust at night
and his voice attended by things and nothing more?
The furniture journeys filled with his silent being
like little boats inside the old boat,
loaded with his vague and vanished self:
the closets, the green covers on the tables,
the color of the curtains and the floor,
everything has suffered the slow emptiness of his hands,
and things have been worn down by his breathing.

He slides and he slips, goes down, transparent,
air within the cold air running over the ship,
with his occult hands he leans on the railings
and watches the bitter ocean streaming away behind the
        ship.
Only the waters reject his influence,
his color and his smell of a forgotten phantom,
and fresh and deep as ever they unroll their dance
like lives of fire, like blood or perfume,
surging with raw power, united and reunited.

Never wearing out, beyond time and custom,
green with quantity, cold and capable, the waters

tocan el negro estómago del buque y su materia
lavan, sus costras rotas, sus arrugas de hierro;
roen las aguas vivas la cáscara del buque,
traficando sus largas banderas de espuma
y sus dientes de sal volando en gotas.

Mira el mar el fantasma con su rostro sin ojos:
el círculo del día, la tos del buque, un pájaro
en la ecuación redonda y sola del espacio.
y desciende de nuevo a la vida del buque
cayendo sobre el tiempo muerto y la madera,
resbalando en las negras cocinas y cabinas,
lento de aire y atmósfera y desolado espacio.

stroke the black belly of the ship and their substance
washes its wrecked crust, its iron wrinkles:
the live waters gnaw at the husk of the ship,
trailing their long white flags of foam
and their salty teeth flying up in spray.

The phantom watches the ocean with his eyeless face:
the circle of the day, the coughing of the ship, a bird
in the round and lonely equation of space,
and he goes down again into the life of the ship
tripping over dead time and weathered wood,
slipping through the cabins and the black galleys,
with their heavy air and atmosphere and desolated space.

SK

SIGNIFICA SOMBRAS

Que esperanza considerar, qué presagio puro,
qué definitivo beso enterrar en el corazón,
someter en los orígenes del desamparo y la
    inteligencia,
suave y seguro sobre las aguas eternamente turbadas?

Qué vitales, rápidas alas de un nuevo ángel de sueños
instalar en mis hombros dormidos para seguridad perpetua,
tal manera que el camino entre las estrellas de la muerte
a un violento vuelo comenzado desde hace muchos días y
    meses y siglos?

Tal vez la debilidad natural de los seres recelosos y
    ansiosos
busca de súbito permanencia en el tiempo y límites en la
    tierra,
tal vez, las fatigas y las edades acumuladas implacablemente
se extienden como la ola lunar de un océano recién creado
sobre litorales y tierras angustiosamente desiertas.

Ay, que lo que soy siga existiendo y cesando de existir,
y que mi obediencia se ordene con tales condiciones de
    hierro
el temblor de las muertes y de los nacimientos no
    conmueva
rotundo sitio que quiero reservar para mí eternamente.

Sea, pues, lo que soy, en alguna parte y en todo tiempo,
establecido y asegurado y ardiente testigo,

IT MEANS SHADOWS

What hope to consider, what pure foreboding,
what definitive kiss to bury in the heart,
to submit to the origins of homelessness and
        intelligence,
smooth and sure over the eternally troubled waters?

What vital, speedy wings of a new dream angel
to install on my sleeping shoulders for perpetual security,
in such a way that the path through the stars of death
be a violent flight begun many days and months and
        centuries ago?

Suppose the natural weakness of suspicious, anxious
        creatures
all of a sudden seeks permanence in time and limits on
        earth,
suppose the accumulated ages and fatigues
        implacably
spread like the lunar wave of a just-created ocean
over lands and shorelines tormentedly deserted.

Oh, let what I am keep on existing and ceasing to exist,
and let my obedience align itself with such iron
        conditions
that the quaking of deaths and of births doesn't shake
the deep place I want to reserve for myself eternally.

Let me, then, be what I am, wherever and in whatever
        weather,
rooted and certain and ardent witness,

cuidadosamente destruyéndose y preservándose
    incesantemente,
evidentemente empeñado en su deber original.

carefully, unstoppably, destroying and saving
     himself,
openly engaged in his original obligation.

SK

SÓLO LA MUERTE

Hay cementerios solos,
tumbas llenas de huesos sin sonido,
el corazón pasando un túnel
oscuro, oscuro, oscuro,
como un naufragio hacia adentro nos morimos,
como ahogarnos en el corazón,
como irnos cayendo desde la piel al alma.

Hay cadáveres,
hay pies de pegajosa losa fría,
hay la muerte en los huesos,
como un sonido puro,
como un ladrido sin perro,
saliendo de ciertas campanas, de ciertas tumbas,
creciendo en la humedad como el llanto o la lluvia.

Yo veo, solo, a veces,
ataúdes a vela
zarpar con difuntos pálidos, con mujeres de trenzas
  muertas,
con panaderos blancos como ángeles,
con niñas pensativas casadas con notarios,
ataúdes subiendo el río vertical de los muertos,
el río morado,
hacia arriba, con las velas hinchadas por el sonido de la
  muerte,
hinchadas por el sonido silencioso de la muerte.

A lo sonoro llega la muerte
como un zapato sin pie, como un traje sin hombre,
llega a golpear con un anillo sin piedra y sin dedo,

ONLY DEATH

There are lone cemeteries,
tombs filled with mute bones,
the heart going through a tunnel.
shadowy, shadowy, shadowy:
we die as if a ship were going down inside us,
like a drowning in the heart,
like falling endlessly from the skin to the soul.

There are corpses,
there are feet of clammy stone,
there is death in the bones,
like pure sound,
like a bark without a dog,
growing out of certain bells, certain tombs,
swelling in the humidity like a lament or like rain.

Alone sometimes, I see
coffins under sail
weighing anchor with the pale dead, with women in
        their dead braids,
with bakers white as angels,
pensive girls married to accountants,
coffins climbing the vertical river of the dead,
the bruise-colored river,
laboring upstream, sails billowing with the sound of
        death,
billowing with the sound of the silence of death.

It's sound that death is drawn to,
like a shoe without a foot, like a suit with no man in it,
it's drawn to knock with a ring, stoneless and fingerless,

llega a gritar sin boca, sin lengua, sin garganta.
Sin embargo sus pasos suenan
y su vestido suena, callado, como un árbol.

Yo no sé, yo conozco poco, yo apenas veo,
pero creo que su canto tiene color de violetas húmedas,
de violetas acostumbradas a la tierra
porque la cara de la muerte es verde,
y la mirada de la muerte es verde,
con la aguda humedad de una hoja de violeta
y su grave color de invierno exasperado.

Pero la muerte va también por el mundo vestida de escoba,
lame el suelo buscando difuntos,
la muerte está en la escoba,
es la lengua de la muerte buscando muertos,
es la aguja de la muerte buscando hilo.
La muerte está en los catres:
en los colchones lentos, en las frazadas negras
vive tendida, y de repente sopla:
sopla un sonido oscuro que hincha sábanas,
y hay camas navegando a un puerto
en donde está esperando, vestida de almirante.

it's drawn to call out without a mouth, a tongue, a throat.
No question, you can hear death's footsteps,
and its clothes rustle, quiet as a tree.

I don't know, I understand so little, I can hardly see,
but I believe that death's song is the color of wet violets,
violets accustomed to the earth,
because the face of death is green,
and the gaze of death is green
with the sharp wetness of the leaf of a violet
and its serious color of wintry impatience.

But death also goes around the earth riding a broom,
licking the ground looking for the dead ones,
death is in the broom,
it's death's tongue looking for the dead,
it's death's needle that needs threading.
Death is in the bedsteads:
in the slow mattresses, in the black blankets
death stretches out like a clothesline, and then suddenly
    blows:
blows a dark sound that swells the sheets
and beds are sailing into a harbor
where death is waiting, dressed as an admiral.

RH

BARCAROLA

Si solamente me tocaras el corazón,
si solamente pusieras tu boca en mi corazón,
tu fina boca, tus dientes,
si pusieras tu lengua como una flecha roja
allí donde mi corazón polvoriento golpea,
si soplaras en mi corazón, cerca del mar, llorando,
sonaría con un ruido oscuro, con sonido de ruedas de tren
     con sueño,
como aguas vacilantes,
como el otoño en hojas,
como sangre,
con un ruido de llamas húmedas quemando el cielo,
sonando como sueños o ramas o lluvias,
o bocinas de puerto triste,
si tú soplaras en mi corazón cerca del mar,
como un fantasma blanco,
al borde de la espuma,
en mitad del viento,
como un fantasma desencadenado, a la orilla del mar,
     llorando.

Como ausencia extendida, como campana súbita,
el mar reparte el sonido del corazón,
lloviendo, atardeciendo, en una costa sola:
la noche cae sin duda,
y su lúgubre azul de estandarte en naufragio
se puebla de planetas de plata enronquecida.

Y suena el corazón como un caracol agrio,
llama, oh mar, oh lamento, oh derretido espanto
esparcido en desgracias y olas desvencijadas:

BARCAROLE

If only you would touch my heart,
if only you were to put your mouth to my heart,
your delicate mouth, your teeth,
if you were to put your tongue like a red arrow
there where my dusty heart is beating,
if you were to blow on my heart near the sea, weeping,
it would make a dark noise, like the drowsy sound of
     train wheels,
like the indecision of waters,
like autumn in full leaf,
like blood,
with a noise of damp flames burning the sky,
with a sound like dreams or branches or the rain,
or foghorns in some dismal port,
if you were to blow on my heart near the sea,
like a white ghost,
in the spume of the wave,
in the middle of the wind,
like a ghost unleashed, at the seashore, weeping.

Like a long absence, like a sudden bell,
the sea doles out the sound of the heart,
raining, darkening at sundown, on a lonely coast:
no question that night falls
and its mournful blue of the flags of shipwrecks
peoples itself with planets of throaty silver.

And the heart sounds like a sour conch,
calls, oh sea, oh lament, oh molten panic,
scattered in the unlucky and dishevelled waves:

de lo sonoro el mar acusa
sus sombras recostadas, sus amapolas verdes.

Si existieras de pronto, en una costa lúgubre,
rodeada por el día muerto,
frente a una nueva noche,
llena de olas,
y soplaras en mi corazón de miedo frío,
soplaras en la sangre sola de mi corazón,
soplaras en su movimiento de paloma con llamas,
sonarían sus negras sílabas de sangre,
crecerían sus incesantes aguas rojas,
y sonaría, sonaría a sombras,
sonaría como la muerte,
llamaría como un tubo lleno de viento o llanto,
o una botella echando espanto a borbotones.

Así es, y los relámpagos cubrirían tus trenzas
y la lluvia entraría por tus ojos abiertos
a preparar el llanto que sordamente encierras,
y las alas negras del mar girarían en torno
de tí, con grandes garras, y graznidos, y vuelos.

Quieres ser el fantasma que sople, solitario,
cerca del mar su estéril, triste instrumento?
Si solamente llamaras,
su prolongado son, su maléfico pito,
su orden de olas heridas,
alguien vendría acaso,
alguien vendría,
desde las cimas de las islas, desde el fondo rojo del
        mar,
alguien vendría, alguien vendría.

the sea reports sonorously
on its languid shadows, its green poppies.

If you existed, suddenly, on a mournful coast,
surrounded by the dead day,
facing into a new night,
filled with waves,
and if you were to blow on my cold and frightened heart,
if you were to blow on the lonely blood of my heart,
if you were to blow on its motion of doves in flame,
its black syllables of blood would ring out,
its incessant red waters would come to flood,
and it would ring out, ring out with shadows,
ring out like death,
cry out like a tube filled with wind or weeping,
like a shaken bottle spurting fear.

So that's how it is, and the lightning would glint in your
        braids
and the rain would come in through your open eyes
to ready the weeping you shut up dumbly
and the black wings of the sea would wheel round you,
with its great talons and its rush and its cawing.

Do you want to be the solitary ghost blowing,
by the sea, its sad and useless instrument?
If only you would call,
a long sound, a bewitching whistle,
a sequence of wounded waves,
maybe someone would come,
someone would come,
from the peaks of the islands, from the red depths of the
        sea,
someone would come, someone would come.

Alguien vendría, sopla con furia,
que suene como sirena de barco roto,
como lamento,
como un relincho en medio de la espuma y la sangre,
como un agua feroz mordiéndose y sonando.

En la estación marina
su caracol de sombra circula como un grito,
los pájaros del mar lo desestiman y huyen,
sus listas de sonido, sus lúgubres barrotes
se levantan a orillas del océano solo.

Someone would come, blow fiercely,
so that it sounds like the siren of some battered ship,
like lamentation,
like neighing in the midst of the foam and blood,
like ferocious water gnashing and sounding.

In the marine season
its conch of shadow spirals like a shout,
the seabirds ignore it and fly off,
its roll call of sounds, its mournful rings
rise on the shores of the lonely sea.

RH

WALKING AROUND

Sucede que me canso de ser hombre.
Sucede que entro en las sastrerías y en los cines
marchito, impenetrable, como un cisne de fieltro
navegando en un agua de origen y ceniza.

El olor de las peluquerías me hace llorar a gritos.
Sólo quiero un descanso de piedras o de lana,
sólo quiero no ver establecimientos ni jardines,
ni mercaderías, ni anteojos, ni ascensores.

Sucede que me canso de mis pies y mis uñas
y mi pelo y mi sombra.
Sucede que me canso de ser hombre.

Sin embargo sería delicioso
asustar a un notario con un lirio cortado
o dar muerte a una monja con un golpe de oreja.
Sería bello
ir por las calles con un cuchillo verde
y dando gritos hasta morir de frío.

No quiero seguir siendo raíz en las tinieblas,
vacilante, extendido, tiritando de sueño,
hacia abajo, en las tripas mojadas de la tierra,
absorbiendo y pensando, comiendo cada día.

No quiero para mí tantas desgracias.
No quiero continuar de raíz y de tumba,
de subterráneo solo, de bodega con muertos
ateridos, muriéndome de pena.

WALKING AROUND

Comes a time I'm tired of being a man.
Comes a time I check out the tailor's or the movies
shriveled, impenetrable, like a felt swan
launched into waters of origin and ashes.

A whiff from the barber shops has me wailing.
All I want is a break from rocks and wool,
all I want is to see neither buildings nor gardens,
no shopping centers, no bifocals, no elevators.

Comes a time I'm tired of my feet and my fingernails
and my hair and my shadow.
Comes a time I'm tired of being a man.

Yet how delicious it would be
to shock a notary with a cut lily
or to kill off a nun with a blow to the ear.
How beautiful
to run through the streets with a green knife,
howling until I died of cold.

I don't want to go on like a root in the shadows,
hesitating, feeling forward, trembling with dream,
down down into the dank guts of the earth,
soaking it up and thinking, eating every day.

I don't want for myself so many misfortunes.
I don't want to keep on as root and tomb,
alone, subterranean, in a vault stuffed with corpses,
frozen stiff, dying of shame.

Por eso el día lunes arde como el petróleo
cuando me ve llegar con mi cara de cárcel.
y aúlla en su transcurso como una rueda herida,
y da pasos de sangre caliente hacia la noche.

Y me empuja a ciertos rincones, a ciertas casas
        húmedas,
a hospitales donde los huesos salen por la ventana,
a ciertas zapaterías con olor a vinagre,
a calles espantosas como grietas.

Hay pájaros de color de azufre y horribles intestinos
colgando de las puertas de las casas que odio,
hay dentaduras olvidadas en una cafetera,
hay espejos
que debieran haber llorado de vergüenza y espanto
hay paraguas en todas partes, y venenos, y ombligos.

Yo paseo con calma, con ojos, con zapatos,
con furia, con olvido,
paso, cruzo oficinas y tiendas de ortopedia,
y patios donde hay ropas colgadas de un alambre:
calzoncillos, toallas y camisas que lloran lentas lágrimas
        sucias.

That's why Monday burns like kerosene
when it sees me show up with my mugshot face,
and it shrieks on its way like a wounded wheel,
trailing hot bloody footprints into the night.

And it shoves me into certain corners, certain damp
    houses,
into hospitals where bones sail out the window,
into certain shoe stores reeking of vinegar,
into streets godawful as crevices.

There are sulfur-colored birds and horrific intestines
adorning the doors of houses I hate,
there are dentures dropped in a coffeepot,
mirrors
that must have bawled with shame and terror,
there are umbrellas everywhere, poisons and belly
    buttons.

I pass by peaceably, with eyes, with shoes,
with fury and forgetting,
I cruise the offices and orthopedic stores,
and patios where clothes hang from a wire,
where underwear, towels and blouses cry drawn out,
    obscene tears.

FG

ODA CON UN LAMENTO

Oh niña entre las rosas, oh presión de palomas,
oh presidio de peces y rosales,
tu alma es una botella llena de sal sedienta
y una campana llena de uvas es tu piel.

Por desgracia no tengo para darte sino uñas
o pestañas, o pianos derretidos,
o sueños que salen de mi corazón a borbotones,
polvorientos sueños que corren como jinetes negros,
sueños llenos de velocidades y desgracias.

Sólo puedo quererte con besos y amapolas,
con guirnaldas mojadas por la lluvia,
mirando cenicientos caballos y perros amarillos.
Sólo puedo quererte con olas a la espalda,
entre vagos golpes de azufre y aguas ensimismadas,
nadando en contra de los cementerios que corren en
        ciertos ríos
con pasto mojado creciendo sobre las tristes tumbas de yeso,
nadando a través de corazones sumergidos
y pálidas planillas de niños insepultos.

Hay mucha muerte, muchos acontecimientos funerarios
en mis desamparadas pasiones y desolados besos,
hay el agua que cae en mi cabeza,
mientras crece mi pelo,
un agua como el tiempo, un agua negra desencadenada.
con una voz nocturna, con un grito
de pájaro en la lluvia, con una interminable
sombra de ala mojada que protege mis huesos:
mientras me visto, mientras

ODE WITH A LAMENT

Oh child among the roses, oh press of doves,
oh presidio of fish and rosebushes,
your soul is a bottle of dried salts
and a bell filled with grapes, your skin.

Unfortunately, I've nothing to give you but fingernails
or eyelashes, or melted pianos,
or dreams that bubble up from my heart,
dusty dreams that gallop like black riders,
dreams full of hurry and disfortune.

Only with kisses and red poppies can I love you,
with rain-soaked wreaths,
contemplating ashen horses and yellow dogs.
Only with waves at my back can I love you,
between dull explosions of brimstone and reflective waters,
swimming against cemeteries that circulate in certain
        rivers,
drowned pasture flooding the sad, chalky tombstones,
swimming across submerged hearts
and faded lists of unburied children.

There's so much death, so many funereal events
in my destitute passions, my desolate kisses,
there's water that falls on my head
while my hair grows out,
a water like time, a black undammed water,
with a nocturnal voice, like a parrot's
shriek in rain, with the interminable
shadow of a wet wing shielding my bones:
while I dress, while

47

interminablemente me miro en los espejos y en los vidrios,
oigo que alguien me sigue llamándome a sollozos
con una triste voz podrida por el tiempo.

Tú estás de pie sobre la tierra, llena
de dientes y relámpagos.
Tú propagas los besos y matas las hormigas,
Tú lloras de salud, de cebolla, de abeja,
de abecedario ardiendo.
Tú eres como una espada azul y verde
y ondulas al tocarte, como un río.
Ven a mi alma vestida de blanco, con un ramo
de ensangrentadas rosas y copas de cenizas,
ven con una manzana y un caballo,
porque allí hay una sala oscura y un candelabro roto,
unas sillas torcidas que esperan el invierno,
y una paloma muerta, con un número.

incessantly I survey myself in mirrors and windows,
I hear someone trailing me, sobbing out my name
in a wounded voice putrefied by time.

You stand your ground, chock full
of teeth and lightning.
You propagate kisses and clobber the ants.
You cry from vitality, from an onion, a bee,
from your burning abecedary.
You're like a sword, blue and green
and at my touch you undulate like a river.
Approach my soul, dressed in white, with a branch
of bloodstained roses and wineglasses of ash,
come near with an apple and a horse,
because there in lies a dark living room and a shattered
        candelabrum,
a few bent chairs waiting on winter,
and a dove, dead, with a number.

FG

Editor's Note: This poem was written for Neruda's mortally sick daughter.

ENTRADA A LA MADERA

Con mi razón apenas, con mis dedos,
con lentas aguas lentas inundadas,
caigo al imperio de los nomeolvides,
a una tenaz atmósfera de luto,
a una olvidada sala decaída,
a un racimo de tréboles amargos.

Caigo en la sombra, en medio
de destruidas cosas,
y miro arañas, y apaciento bosques
de secretas maderas inconclusas,
y ando entre húmedas fibras arrancadas
al vivo ser de substancia y silencio.

Dulce materia, oh rosa de alas secas,
en mi hundimiento tus pétalos subo
con pies pesados de roja fatiga,
ven tu catedral dura me arrodillo
golpeándome los labios con un ángel.

Es que soy yo ante tu color de mundo
ante tus pálidas espadas muertas,
ante tus corazones reunidos,
ante tu silenciosa multitud.

Soy yo ante tu ola de olores muriendo,
envueltos en otoño y resistencia:
soy yo emprendiendo un viaje funerario
entre tus cicatrices amarillas:

ENTRANCE INTO WOOD

With scarce my reason, with my fingers,
with slow waters slow flooded,
I fall to the realm of forget-me-nots,
to a mourning air that clings,
to a forgotten room in ruins,
to a cluster of bitter clover.

I fall into shadow, the midst
of things broken down,
I look at spiders, and graze on forests
of secret inconclusive wood,
I pass among damp uprooted fibers
to the live heart of matter and silence.

Smooth substance, oh drywinged rose,
in my sinking I climb your petals,
my feet weighed down with a red fatigue,
and I kneel in your hard cathedral
bruising my lips on an angel.

Here am I faced with your color of the world,
with your pale dead swords,
with your gathered hearts,
with your silent horde.

Here am I with your wave of dying fragrances
wrapped in autumn and resistance:
it is I embarking on a funeral journey
among your yellow scars:

soy yo con mis lamentos sin origen,
sin alimentos, desvelado, solo,
entrando oscurecidos corredores,
llegando a tu materia misteriosa.

Veo moverse tus corrientes secas,
veo crecer manos interrumpidas,
oigo tus vegetales oceánicos
crujir de noche y furia sacudidos,
y siento morir hojas hacia adentro,
incorporando materiales verdes
a tu inmovilidad desamparada.

Poros, vetas, círculos de dulzura,
peso, temperatura silenciosa,
flechas pegadas a tu alma caída,
seres dormidos en tu boca espesa,
polvo de dulce pulpa consumida,
ceniza llena de apagadas almas,
venid a mí, a mi sueño sin medida,
caed en mi alcoba en que la noche cae
y cae sin cesar como agua rota,
y a vuestra vida, a vuestra muerte asidme,
a vuestros materiales sometidos,
a vuestras muertas palomas neutrales,
y hagamos fuego, y silencio, y sonido,
y ardamos, y callemos, y campanas.

it is I with my sourceless laments,
unnourished, wakeful, alone,
entering darkened corridors,
reaching your mysterious matter.

I see your dry currents moving,
broken-off hands I see growing,
I hear your oceanic plants
creaking, shaken by night and fury,
and I feel leaves dying inwards,
amassing green materials
to your desolate stillness.

Pores, veins, circles of smoothness,
weight, silent temperature,
arrows cleaving to your fallen soul,
beings asleep in your thick mouth,
dust of sweet pulp consumed,
ash full of snuffed-out souls,
come to me, to my measureless dream,
fall into my room where night falls
and incessantly falls like broken water,
and clasp me to your life, to your death,
to your crushed matter,
to your dead neutral doves,
and let us make fire, and silence, and sound,
and let us burn, and be silent, and bells.

JF

VUELVE EL OTOÑO

Un enlutado día cae de las campanas
como una temblorosa tela de vaga vida,
es un color, un sueño
de cerezas hundidas en la tierra,
es una cola de humo que llega sin descanso
a cambiar el color del agua y de los besos.

No sé si me entiende: cuando desde lo alto
se avecina la noche, cuando el solitario poeta
a la ventana oye correr el corcel del otoño
y las hojas del miedo pisoteado crujen sus arterias,
hay algo sobre el cielo, como lengua de buey
espeso, algo en la duda del cielo y de la atmósfera.

Vuelven las cosas a su sitio,
el abogado indispensable, las manos, el aceite,
las botellas,
todos los indicios de la vida: las camas, sobre todo,
están llenas de un líquido sangriento,
la gente deposita sus confianzas en sórdidas orejas,
los asesinos bajan escalares,
pero no es esto, sino el viejo galope,
el caballo del viejo otoño que tiembla y dura.

El caballo del viejo otoño tiene la barba roja
y la espuma del miedo le cubre las mejillas
y el aire que le sigue tiene forma de océano
y perfume de vaga podredumbre enterrada.

AUTUMN RETURNS

A day in mourning falls from the bells
like a trembling cloth of vague life,
it's a color, a dream
of cherries sunk into the earth,
it's a tail of smoke that arrives without rest
to change the color of the water and the kisses.

I don't know if you understand me: When night
        approaches
from the heights, when the solitary poet
at the window hears the steed of autumn running
and the leaves of trampled fear rustling in his arteries,
there is something over the sky, like the tongue
of thick oxen, something in the doubt of the sky and
        the atmosphere.

Things return to their place:
the indispensable lawyer, hands, oil,
the bottles,
all the signs of life: beds, above all,
are full of a bloody liquid,
people deposit their confidences in sordid ears,
assassins descend stairs,
but it's not that, it's the old gallop,
the horse of old autumn who trembles and endures.

The horse of old autumn has a red beard
and the foam of fear covers his cheeks
and the air that follows him has the form of an ocean
and the smell of vague buried rot.

Todos los días baja del cielo un color ceniciento
que las palomas deben repartir por la tierra:
la cuerda que el olvido y las lágrimas tejen,
el tiempo que ha dormido largos años dentro de las
  campanas,
todo,
los viejos trajes mordidos, las mujeres que ven venir la
  nieve,
las amapolas negras que nadie puede contemplar sin
  morir,
todo cae a las manos que levanto
en medio de la lluvia.

Everyday an ashen color descends from the sky
which the doves must spread over the earth:
the rope woven by oblivion and tears,
time, which has slept long years inside the bells,
everything,
the old suits all bitten, the women who see the snow
     coming,
the black poppies that no one can contemplate without
     dying,
everything falls to these hands I raise up
in the midst of the rain.

ME

NO HAY OLVIDO (SONATA)

Si me preguntáis en dónde he estado
debo decir "Sucede".
Debo de hablar del suelo que oscurecen las piedras,
del río que durando se destruye:
no sé sino las cosas que los pájaros pierden,
el mar dejado atrás, o mi hermana llorando.
Por qué tantas regiones, por qué un día
se junta con un día? Por qué una negra noche
se acumula en la boca? Por qué muertos?

Si me preguntáis de dónde vengo, tengo que conversar con
        cosas rotas,
con utensilios demasiado amargos,
con grandes bestias a menudo podridas
y con mi acongojado corazón.

No son recuerdos los que se han cruzado
ni es la paloma amarillenta que duerme en el olvido,
sino caras con lágrimas,
dedos en la garganta,
y lo que se desploma de las hojas:
la oscuridad de un día transcurrido,
de un día alimentado con nuestra triste sangre.

He aquí violetas, golondrinas,
todo cuanto nos gusta y aparece
en las dulces tarjetas de larga cola
por donde se pasean el tiempo y la dulzura.

Pero no penetremos más allá de esos dientes,
no mordamos las cáscaras que el silencio acumula,

THERE'S NO FORGETTING (SONATA)

Were you to ask me where I've been
I would have to say, "There comes a time."
I would have to tell how dirt mottles the rocks,
how the river, running, runs out of itself:
I know only what left the birds bereaved,
the sea forsaken, or my sister weeping.
Why so many places, why does one day
cling to another? Why does a night's blackness
drain into the mouth? Why the dead?

Were you to ask where I come from, I would have to talk
        with shattered things,
with all too bitter tools,
with massive festering beasts, now and then,
and with my grief-bitten heart.

Unremembered are those who crossed over
and the pale dove asleep in oblivion,
only teary faces,
fingers at the throat,
and whatever falls from the leaves:
the darkness of a burnt-out day,
a day flavored with our curdled blood.

Here I have violets, swallows,
we want anything and it appears
in that long train of impressions
that marks the passing of kindness and time.

But let's go no further than the teeth,
we won't chew on husks heaped up by silence,

porque no sé qué contestar:
hay tantos muertos,
y tantos malecones que el sol rojo partía,
y tantas cabezas que golpean los buques,
y tantas manos que han encerrados besos,
y tantas cosas que quiero olvidar.

because I don't know how to answer:
there are so many dead,
and so many levees the red sun has cloven
and so many heads that knock against hulls,
and so many hands that shut up kisses,
and so many things I want to forget.

FG

EXPLICO ALGUNAS COSAS

Preguntaréis: Y dónde están las lilas?
Y la metafísica cubierta de amapolas?
Y la lluvia que a menudo golpeaba
sus palabras llenándolas
de agujeros y pájaros?

Os voy a contar todo lo que me pasa.

Yo vivía en un barrio
de Madrid, con campanas,
con relojes, con árboles.

Desde allí se veía
el rostro seco de Castilla
como un océano de cuero.
                Mi casa era llamada
la casa de las flores, porque por todas partes
estallaban geranios: era
una bella casa
con perros y chiquillos.
                  Raúl, te acuerdas?
Te acuerdas, Rafael?
                Federico, te acuerdas
debajo de la tierra,
te acuerda? de mi casa con balcones en donde
la luz de junio ahogaba flores en tu boca?
                Hermano, hermano!
Todo
eran grandes voces, sal de mercaderías,
aglomeraciones de pan palpitante,
mercados de mi barrio de Argüelles con su estatua

I EXPLAIN SOME THINGS

You will ask: And where are the lilacs?
And the metaphysics laced with poppies?
And the rain that often beat
his words filling them
with holes and birds?

I'll tell you everything that's happening with me.

I lived in a neighborhood
of Madrid, with church bells,
with clocks, with trees.

From there you could see
the dry face of Castilla
like an ocean of leather.
                My house was called
the house of flowers, because everywhere
geraniums were exploding: it was
a beautiful house
with dogs and little kids.
                Raúl, do you remember?
Do you remember, Rafael?
                Federico, you remember,
from under the earth,
do you remember my house with balconies on which
the light of June drowned flowers in your mouth?
                Hermano, hermano!
Everything
was great voices, salty goods,
piles of throbbing bread,
markets of my Argüelles neighborhood with its statue

como un tintero pálido entre las merluzas:
el aceite llegaba a las cucharas,
un profundo latido
de pies y manos llenaba las calles,
metros, litros, esencia
aguda de la vida,

                   pescados hacinados,
contextura de techos con sol frío en el cual
la flecha se fatiga,
delirante marfil fino de las patatas,
tomates repetidos hasta el mar.

Y una mañana todo estaba ardiendo
y una mañana las hogueras
salían de la tierra
devorando seres,
y desde entonces fuego,
pólvora desde entonces,
y desde entonces sangre.
Bandidos con aviones y con moros,
bandidos con sortijas y duquesas,
banditos con frailes negros bendiciendo
venían por el cielo a matar niños,
y por las calles la sangre de los niños
corría simplemente, como sangre de niños.

Chacales que el chacal rechazaría,
piedras que el cardo seco mordería escupiendo,
víboras que las víboras odiaran!

Frente a vosotros he visto la sangre
de España levantarse
para ahogaros en una sola ola
de orgullo y de cuchillos!

like a pale inkwell among the carp:
oil flowed into the spoons,
a loud pulse
of feet and hands filled the streets,
meters, liters, sharp
essence of life,
                    piled fish,
texture of rooftops under a cold sun that
wears out the weathervane,
fine delirious ivory of the potatoes,
tomatoes repeating all the way to the sea.

And one morning everything was burning
and one morning the fires
were shooting out of the earth
devouring beings,
and ever since then fire,
gunpowder ever since,
and ever since then blood.
Bandits with airplanes and with Moors,
bandits with finger-rings and duchesses,
bandits with black friars making blessings,
kept coming from the sky to kill children,
and through the streets the blood of the children
ran simply, like children's blood.

Jackals the jackal would reject,
stones the dry thistle would bite then spit out,
vipers the vipers would despise!

Facing you I have seen the blood
of Spain rise up
to drown you in one single wave
of pride and knives!

Generales
traidores:
mirad mi casa muerta,
mirad España rota:
pero de cada casa muerta sale metal ardiendo
en vez de flores,
pero de cada hueco de España
sale España,
pero de cada niño muerto sale un fusil con ojos,
pero de cada crimen nacen balas
que os hallarán un día el sitio
del corazón.

Preguntaréis por qué su poesía
no nos habla del sueño, de las hojas,
de los grandes volcanes de su país natal?

Venid a ver la sangre por las calles,
venid a ver
la sangre por las calles,
venid a ver la sangre
por las calles!

Traitor
generals:
behold my dead house,
behold Spain destroyed:
yet instead of flowers, from every dead house
burning metal flows,
yet from every hollow of Spain
Spain flows,
yet from every dead child rises a rifle with eyes,
yet from every crime bullets are born
that one day will find the target
of your heart.

You will ask why his poetry
doesn't speak to us of dreams, of the leaves,
of the great volcanoes of his native land?

Come and see the blood in the streets,
come and see
the blood in the streets,
come and see the blood
in the streets!

ME

ALTURAS DE MACCHU PICCHU: I
Del aire al aire

Del aire al aire, como un red vacía,
iba yo entre las calles y la atmósfera, llegando y
    despidiendo,
en el advenimiento del otoño la moneda extendida
de las hojas, y entre la primavera y las espigas,
lo que el más grande amor, como dentro de un guante
que cae, nos entrega como una larga luna.

(Días de fulgor vivo en la intemperie
de los cuerpos: aceros convertidos
al silencio del ácido:
noches deshilachadas hasta la última harina:
estambres agredidos de la patria nupcial.)

Alguien que me esperó entre los violines
encontró un mundo como una torre enterrada
hundiendo su espiral más abajo de todas
las hojas de color de ronco azufre:
más abajo, en el oro de la geología,
como una espada envuelta en meteoros,
hundí la mano turbulenta y dulce
en lo más genital de lo terrestre.

Puse la frente entre las olas profundas,
descendí como gota entre la paz sulfúrica,
y, como un ciego, regresé al jazmín
de la gastada primavera humana.

HEIGHTS OF MACCHU PICCHU: I
From air to air

From air to air, like an empty net,
I went wandering between the streets and the
        atmosphere, arriving and saying goodbye,
leaving behind in autumn's advent the coin extended
from the leaves, and between Spring and the wheat,
that which the greatest love, as within a falling glove,
hands over to us like a large moon.

(Days of live brilliance in the storminess
of bodies: steel transformed
into the silence of acid:
nights unraveled to the last flour:
assaulted stamens of the nuptial native land.)

Someone waiting for me among the violins
found a world like a sunken tower
digging its spiral deeper than all
the leaves the color of hoarse sulfur:
and deeper still, into geologic gold,
like a sword sheathed in meteors,
I plunged my turbulent and tender hand
into the most genital terrestrial territory.

I leaned my head into the deepest waves,
I sank through the sulfuric peace,
and, like a blind man, returned to the jasmine
of the exhausted human springtime.

ME (JF/SK)

69

ALTURAS DE MACCHU PICCHU: IV
La poderosa muerte

La poderosa muerte me invitó muchas veces:
era como la sal invisible en las olas,
y lo que su invisible sabor diseminaba
era como mitades de hundimientos y altura
o vastas construcciones de viento y ventisquero.

Yo al férreo filo vine, a la angostura
del aire, a la mortaja de agricultura y piedra,
al estelar vacío de los pasos finales
y a la vertiginosa carretera espiral:
pero, ancho mar, oh muerte!, de ola en ola no vienes
sino como un galope de claridad nocturna
o como los totales números de la noche.

Nunca llegaste a hurgar en el bolsillo, no era
posible tu visita sin vestimenta roja:
sin auroral alfombra de cercado silencio:
sin altos y enterrados patrimonios de lágrimas.

No pude amar en cada ser un árbol
con su pequeño otoño a cuestas (la muerte de
        mil hojas),
todas las falsas muertes y las resurrecciones
sin tierra, sin abismo:
quise nadar en las más anchas vidas,
en las más sueltas desembocaduras
y cuando poco a poco el hombre fue negándome
y fue cerrando paso y puerta para que no tocaran

HEIGHTS OF MACCHU PICCHU: IV
Powerful death

Powerful death invited me many times:
it was like the invisible salt in the waves,
and that which its invisible taste disseminated
was like something half-sinking,half-rising
or vast structures made of wind and snowdrifts.

To the sharp iron edge I came, to the narrows
of the air, to the shroud of farms and stone,
to the stellar void of the final footsteps
and the dizzying spiral highway:
but, wide sea, oh death!, you don't come wave after wave,
but like a gallop of nocturnal clarity
or like the absolute numbers of the night.

You never came to poke around in the pockets, you
        couldn't
visit without your red dress on:
without your rose carpet of clinging silence:
without tall and buried legacies of tears.

I couldn't love in every soul a tree
with its own small autumn on its back (the death of a
        thousand leaves,)
all the false deaths and resurrections
with no earth, no abyss:
I wanted to swim in the widest lives,
in the most open mouths of rivers,
and when little by little man went denying me,
went blocking my way and closing doors so that my
        streaming hands

mis manos manantiales su inexistencia herida,
entonces fui por calle y calle y río y río,
y ciudad y ciudad y cama y cama,
y atravesó el desierto mi máscara salobre,
y en las últimas casas humilladas, sin lámpara, sin fuego
sin pan, sin piedra, sin silencio, solo,
rodé muriendo de mi propia muerte.

would never touch their wounded nonexistence,
then I went through street after street and river after
    river,
and city after city and bed after bed,
and my salty mask crossed through the desert,
and in the last humiliated houses, with no lamp, no fire,
no bread, no stone, no silence, alone,
I rolled on, dying of my own death.

ME (JF/SK)

ALTURAS DE MACCU PICCHU: VI
Entonces en la escala

Entonces en la escala de la tierra he subido
entre la atroz maraña de las selvas perdidas
hasta tí, Macchu Picchu.
Alta ciudad de piedras escalares,
por fin morada del que lo terrestre
no escondió en las dormidas vestiduras.
En ti, como dos líneas paralelas,
la cuna del relámpago y del hombre
se mecían en un viento de espinas.

Madre de piedra, espuma de los cóndores.

Alto arrecife de la aurora humana.

Pala perdida en la primera arena.

Ésta fue la morada, éste es el sitio:
aquí los anchos granos del maíz ascendieron
y bajaron de nuevo como granizo rojo.

Aquí la hebra dorada salió de la vicuña
a vestir los amores, los túmulos, las madres,
el rey, las oraciones, los guerreros.

Aquí los pies del hombre descansaron de noche
junto a los pies del águila, en las altas guaridas
carniceras, y en la aurora
pisaron con los pies del trueno la niebla enrarecida,
y tocaron las tierras y las piedras
hasta reconocerlas en la noche o la muerte.

HEIGHTS OF MACCHU PICCHU: VI
And then on the ladder

And then on the ladder of the earth I climbed
through the atrocious thicket of the lost jungles
up to you, Macchu Picchu.
High city of scaled stones,
at last a dwelling where the terrestrial
did not hide in its sleeping clothes.
In you, like two parallel lines,
the cradle of the lightning-bolt and man
rocked together in a thorny wind.

Mother of stone, spume of the condors.

High reef of the human dawn.

Shovel lost in the first sand.

This was the dwelling, this is the place:
here the wide kernels of maize rose up
and fell again like red hail.

Here the gold thread was fleeced off the vicuña
to clothe the love affairs, the tombs, the mothers,
the king, the prayers, the warriors.

Here in the high carnivorous lairs the feet of man
rested at night next to the feet of the eagle,
and at dawn
tread with thunderous feet through the rarefied fog,
and touched the soil and the stones
until they could recognize them at night or in death.

Miro las vestiduras y las manos,
el vestigio del agua en la oquedad sonora,
la pared suavizada por el tacto de un rostro
que miró con mis ojos las lámparas terrestres,
que aceitó con mis manos las desaparecidas
maderas: porque todo, ropaje, piel, vasijas,
palabras, vino, panes,
se fue, cayó a la tierra.

Y el aire entró con dedos
de azahar sobre todos los dormidos:
mil años de aire, meses, semanas de aire,
de viento azul, de cordillera férrea,
que fueron como suaves huracanes de pasos
lustrando el solitario recinto de la piedra.

I stare at the clothes and the hands,
the trace of water in the echoing hollow,
the wall worn smooth by the touch of a face
that with my eyes stared at the terrestrial lamps,
that with my hands oiled the vanished
timbers: because everything, clothing, skin, jars,
words, wine, bread,
was gone, fallen to the earth.

And the air came in with orange-blossom fingers
over all those asleep:
a thousand years of air, months, weeks of air,
of blue wind, of iron cordillera,
that were like soft hurricanes of footsteps
polishing the lonely boundary of the stone.

ME (JF/SM)

ALTURAS DE MACCHU PICCHU: VIII
Sube conmigo

Sube conmigo, amor americano.

Besa conmigo las piedras secretas.
La plata torrencial del Urubamba
hace volar el polen a su copa amarilla.
Vuela el vacío de la enredadera,
la planta pétrea, la guirnalda dura
sobre el silencio del cajón serrano.
Ven, minúscula vida, entre las alas
de la tierra, mientras — crystal y frío, aire golpeado —
apartando esmeraldas combatidas,
oh agua salvaje, bajas de la nieve.

Amor, amor, hasta la noche abrupta,
desde el sonoro pedernal andino,
hacia la aurora de rodillas rojas,
contempla el hijo ciego de la nieve.

Oh, Wilkamayu de sonoros hilos,
cuando rompes tus truenos lineales
en blanca espuma, como herida nieve,
cuando tu vendaval acantilado
canta y castiga despertando al cielo,
qué idioma traes a la oreja apenas
desarraigada de tu espuma andina?

Quién apresó el relámpago del frío
y lo dejó en la altura encadenado,
repartido en sus lágrimas glaciales,
sacudido en sus rápidas espadas,

HEIGHTS OF MACCHU PICCHU: VIII
Climb up with me

Climb up with me, American love.

Kiss the secret stones with me.
The torrential silver of the Urubamba
makes the pollen fly to its yellow cup.
Emptiness flies from the climbing vine,
the rocky plant, the hardened garland
above the silence of the mountain gorge.
Come, miniscule life, between the wings
of the earth, while — crystal and cold, pounded air —
pulling out battered emeralds,
oh savage water, you fall from the snow.

Love, love, until the sudden night,
from the resonate Andean flint,
towards the red knees of the dawn,
contemplate the blind child of the snow.

Oh, Wilkamayu of resonant threads,
when you smash your linear thunderclaps
into white foam like wounded snow,
when your sheer gale-force winds
sing and punish awakening the sky,
what language do you bring to the ear
barely uprooted from your Andean foam?

Who seized the lightning from the cold
and left it chained to the heights,
split into its glacial tears,
shaken into its slashing rapids,

golpeando sus estambres aguerridos,
conducido en su cama de guerrero,
sobresaltado en su final de roca?

Qué dicen tus destellos acosados?
Tu secreto relámpago rebelde
antes viajó poblado de palabras?
Quién va rompiendo sílabas heladas,
idiomas negros, estandartes de oro,
bocas profundas, gritos sometidos,
en tus delgadas aguas arteriales?

Quién va cortando párpados florales
que vienen a mirar desde la tierra?
Quién precipita los racimos muertos
que bajan en tus manos de cascada
a desgranar su noche desgranada
en el carbon de la geología?

Quién despeña la rama de los vínculos?
Quién otra vez sepulta los adioses?

Amor, amor, no toques la frontera,
ni adores la cabeza sumergida:
deja que el tiempo cumpla su estatura
en su salón de manantiales rotos,
y, entre al agua veloz y las murallas,
recoge el aire del desfiladero,
las paralelas láminas del viento,
el canal ciego de las cordilleras,
el áspero saludo del rocío,
y sube, flor a flor, por la espesura,
pisando la serpiente despeñada.

pounding its war-torn stamens,
driven along on its warrior bed,
ambushed in its rock-bound end?

What do your tormented flashes say?
Your secret rebel lightning
did it once travel full of words?
Who goes crushing frozen syllables,
black languages, golden banners,
profound mouths, smothered shouts,
in your slender arterial waters?

Who goes cutting floral eyelids
that come up to gaze from the earth?
Who throws down the dead stalks
that fall into your cascading hands
to thresh their threshed night
into geologic coal?

Who hurls down the linking branch?
Who once more buries the farewells?

Love, love, do not touch the border,
nor worship the sunken head:
let time reach its full stature
in its drawing room of broken springs and streams,
and between the rapid water and great walls,
gather the air of the narrow pass,
the parallel plates of the wind,
the blind channel of the cordilleras,
the rough greeting of the dew,
and climb up, flower by flower, through the thicket,
trampling on the serpent flung from the heights.

En la escarpada zona, piedra y bosque,
polvo de estrellas verdes, selva clara,
Mantur estalla como un lago vivo
o como un nuevo piso del silencio.

Ven a mi propio ser, al alba mía,
hasta las soledades coronadas.
El reino muerto vive todavía.

Y en el Reloj la sombra sanguinaria
del cóndor cruza como una nave negra.

In this sheer and craggy land, stone and forest,
dust of green stars, jungle clarity,
Mantur bursts out like a live lake
or like a new floor of silence.

Come to my own being, to my dawn,
up to the crowning solitudes.
The dead kingdom still lives on.

And the bloody shadow of the condor
crosses the Sundial like a black ship.

ME (JF/SK)

ALTURAS DE MACCHU PICCHU: X
Piedra en la piedra

Piedra en la piedra, el hombre, dónde estuvo?
Aire en la aire, el hombre, dónde estuvo?
Tiempo en el tiempo, el hombre, dónde estuvo?
Fuiste también el pedacito roto
de hombre inconcluso, de águila vacía
que por las calles de hoy, que por las huellas,
que por las hojas del otoño muerto
va machacando el alma hasta la tumba?
La pobre mano, el pie, la pobre vida . . .
Los días de la luz deshilachada
en ti, como la lluvia
sobre las banderillas de la fiesta,
dieron pétalo a pétalo de su alimento oscuro
en la boca vacía?
          Hambre, coral del hombre,
hambre, planta secreta, raíz de los leñadores,
hambre, subió tu raya de arrecife
hasta estas altas torres desprendidas?

Yo te interrogo, sal de los caminos,
muéstrame la cuchara, déjame, arquitectura,
roer con un palito los estambres de piedra,
subir todos los escalones del aire hasta el vacío,
rascar le entraña hasta tocar el hombre.

Macchu Picchu, pusiste
piedra en la piedra, y en la base, harapo?
Carbón sobre carbón, y en el fondo la lágrima?
Fuego en el oro, y en él, temblando el rojo
goterón de la sangre?

HEIGHTS OF MACCHU PICCHU: X

Stone upon stone

Stone upon stone, and man, where was he?
Air upon air, and man, where was he?
Time upon time, and man, where was he?
Were you also the broken bit
of unfinished man, of an empty eagle that
through today's streets, through the footsteps,
through the leaves of the dead autumn
keeps on crushing the soul until the grave?
The poor hand, the foot, the poor life . . .
Did the days of unraveling light
in you, like the rain
upon the pennants of the fiesta,
drop their dark food petal by petal
into the empty mouth?
                    Hunger, coral of man,
hunger, secret plant, root of the woodcutters,
hunger, did your reef-edge climb up
to these high floating towers?

I question you, salt of the roads,
show me the spoon; architecture, let me
gnaw stone stamens with a stick,
climbing up the staircase of air until the void,
scraping away at the womb until I touch man.

Macchu Picchu, did you place
stone upon stone, and at the base, rags?
Coal above coal, and at the bottom, the teardrop?
Fire into gold, and within it, trembling, the heavy
red raindrop of blood?

Devuélveme el esclavo que enterraste!
Sacude de las tierras el pan duro
del miserable, muéstrame los vestidos
del siervo y su ventana.
Dime cómo durmió cuando vivía.
Dime si fue su sueño
ronco, entreabierto, como un hoyo negro
hecho por la fatiga sobre el muro.
El muro, el muro! Si sobre su sueño
gravitó cada piso de piedra, y si cayó bajo ella
como bajo una luna, con el sueño!
Antigua América, novia sumergida,
también tus dedos,
al salir de la selva hacia el alto vacío de los dioses,
bajo los estandartes nupciales de la luz y el decoro,
mezclándose al trueno de los tambores y de las lanzas,
también, también tus dedos,
los que la rosa abstracta y la línea del frío, los
que el pecho sangriento del nuevo cereal trasladaron
hasta la tela de material radiante, hasta las duras
        cavidades,
también, también, América enterrada, guardaste en lo más
        bajo,
en el amargo intestino, como un águila, el hambre?

Give me back the slave that you buried!
Shake the hard bread of the wretched poor
out from the ground, show me the servant's
clothes and his window.
Tell me how he slept when he lived.
Tell me if he snored,
if his dreams were half-open, like a black hole
dug by fatigue into the wall.
The wall, the wall! If every floor of stone
stood crushing his dreams and if he fell below her
as if under a moon, asleep!
Ancient America, sunken bride,
your fingers too,
leaving behind the jungle for the empty height of the gods,
below the bridal banners of light and decorum,
blending with the thunder of the drums and lances,
too, your fingers too,
those that the abstract rose and the rim of cold, those
that the bloodstained chest of the new grain carried up
to the web of radiant matter, up to the hardened
    hollows,
too, too, buried America, did you keep in the deepest
    depths,
in the bitter gut, like an eagle, hunger?

ME (JF/SK)

ALTURAS DE MACCHU PICCHU: XI
A través del confuso esplendor

A través del confuso esplendor,
a través de la noche de piedra, déjame hundir la mano
y deja que en mi palpite, como un ave mil años prisionera,
el viejo corazón del olvidado!
Déjame olvidar hoy esta dicha, que es más ancha que el mar,
porque el hombre es más ancho que el mar y que sus islas,
y hay que caer en él como en un pozo para salir del fondo
con un ramo de agua secreta y de verdades sumergidas.
Déjame olvidar, ancha piedra, la proporción poderosa,
la trascendente medida, las piedras del panal,
y de la escuadra déjame hoy resbalar
la mano sobre la hipotenusa de áspera sangre y cilicio.
Cuando, como una herradura de élitros rojos, el cóndor
        furibundo
me golpea las sienes en el orden del vuelo
y el huracán de plumas carniceras barre el polvo sombrío
de las escalinatas diagonales, no veo a la bestia veloz,
no veo el ciego ciclo de sus garras,
veo el antiguo ser, servidor, el dormido
en los campos, veo un cuerpo, mil cuerpos, un hombre,
        mil mujeres,
bajo la racha negra, negros de lluvia y noche,
con la piedra pesada de la estatua:
Juan Cortapiedras, hijo de Wiracocha,
Juan Comefrío, hijo de estrella verde,
Juan Piesdescalzos, nieto de la turquesa,
sube a nacer conmigo, hermano.

HEIGHTS OF MACCHU PICCHU: XI
Down through the blurred splendor

Down through the blurred splendor,
down through the night of stone, let me plunge my hand
and let the ancient heart of the forgotten
throb within me
like a bird imprisoned for a thousand years!
Today let me forget this joy which is wider than the sea,
because man is wider than the sea and all her islands,
and one must fall into him as into a well in order to rise
        from the depths
with a branch of secret water and sunken truths.
Let me forget, wide stone, the powerful proportion,
the transcendent measurement, the honeycombed stones,
and from the square today let me slide
my hand along the hypotenuse of haircloth and bitter
        blood.
When the furious condor, like a horseshoe of red-cased
        wings,
hammers my temples in the order of flight
and the hurricane of carnivorous feathers sweeps the
        shadowed dust
of the slanting stairways, I don't see the swift beast,
I don't see the blind cycle of its claws,
I see the ancient being, a servant, the one asleep
in the fields, I see a body, a thousand bodies, one man,
        one thousand women,
below the black gust, blackened by rain and night,
with the heavy stone of the statue:
Juan Stonecutter, son of Wiracocha,
Juan Coldeater, son of the green star,
Juan Barefooted, grandson of the turquoise,
rise up and be born with me, brother.

ME (JF/SK)

89

ALTURAS DE MACCHU PICCHU: XII
Sube a nacer conmigo

Sube a nacer conmigo, hermano.

Dame la mano desde la profunda
zona de tu dolor diseminado.
No volverás del fondo de las rocas.
No volverás del tiempo subterráneo.
No volverá tu voz endurecida.
No volverán tus ojos taladrados.
Mírame desde el fondo de la tierra,
labrador, tejedor, pastor callado:
domador de guanacos tutelares:
albañil del andamio desafiado:
aguador de las lágrimas andinas:
joyero de los dedos machacados:
agricultor temblando en la semilla:
alfarero en tu greda derramado:
traed a la copa de esta nueva vida
vuestros viejos dolores enterrados.
Mostradme vuestra sangre y vuestro surco,
decidme: aquí fui castigado,
porque la joya no brilló o la tierra
no entregó a tiempo la piedra o el grano:
señaladme la piedra en que caísteis
y la madera en que os crucificaron,
encendedme los viejos pedernales,
las viejas lámparas, los látigos pegados
a través de los siglos en las llagas
y las hachas de brillo ensangrentado.
Yo vengo a hablar por vuestra boca muerta.
A través de la tierra juntad todos

HEIGHTS OF MACCHU PICCHU: XII
Rise up and be born with me

Rise up and be born with me, brother.

From the deepest reaches of your
disseminated sorrow, give me your hand.
You will not return from the depths of rock.
You will not return from subterranean time.
It will not return, your hardened voice.
They will not return, your drilled-out eyes.
Look at me from the depths of the earth,
plowman, weaver, silent shepherd:
tender of the guardian guanacos:
mason of the impossible scaffold:
water-bearer of Andean tears:
goldsmith of crushed fingers:
farmer trembling on the seed:
potter poured out into your clay:
bring all your old buried sorrows
to the cup of this new life.
Show me your blood and your furrow,
say to me: here I was punished
because the gem didn't shine or the earth
didn't deliver the stone or the grain on time:
point out to me the rock on which you fell
and the wood on which they crucified you,
burn the ancient flints bright for me,
the ancient lamps, the lashing whips
stuck for centuries to your wounds
and the axes brilliant with bloodstain.
I come to speak through your dead mouth.
Through the earth unite all

los silenciosos labios derramados
y desde el fondo habladme toda esta larga noche
como si yo estuviera con vosotros anclado,
contadme todo, cadena a cadena,
eslabón a eslabón, y paso a paso,
afilad los cuchillos que guardasteis,
ponedlos en mi pecho y en mi mano,
como un río de rayos amarillos,
como un río de tigres enterrados,
y dejadme llorar, horas, días, años,
edades ciegas, siglos estelares.

Dadme el silencio, el agua, la esperanza.

Dadme la lucha, el hierro, los volcanes.

Apegadme los cuerpos como imanes.

Acudid a mis venas y a mi boca.

Hablad por mis palabras y mi sangre.

the silent and split lips
and from the depths speak to me all night long
as if we were anchored together,
tell me everything, chain by chain,
link by link and step by step,
sharpen the knives you kept,
place them in my chest and in my hand,
like a river of yellow lightning,
like a river of buried jaguars,
and let me weep, hours, days, years,
blind ages, stellar centuries.

Give me silence, water, hope.

Give me struggle, iron, volcanoes.

Fasten your bodies to mine like magnets.

Come to my veins and my mouth.

Speak through my words and my blood.

ME (JF/SK)

LA UNITED FRUIT CO.

Cuando sonó la trompeta, estuvo
todo preparado en la tierra
y Jehová repartió el mundo
a Coca-Cola Inc., Anaconda,
Ford Motors, y otras entidades:
la Compañía Frutera Inc.
se reservó lo más jugoso,
la costa central de mi tierra,
la dulce cintura de América.
Bautizó de nuevo sus tierras
como "Repúblicas Bananas",
y sobre los muertos dormidos,
sobre los héroes inquietos
que conquistaron la grandeza,
la libertad y las banderas,
estableció la ópera bufa:
enajenó los albedríos,
regaló coronas de César,
desenvainó la envidia, atrajo
la dictadura de las moscas,
moscas Trujillo, moscas Tachos,
moscas Carías, moscas Martínez,
moscas Ubico, moscas húmedas
de sangre humilde y mermelada,
moscas borrachas que zumban
sobre las tumbas populares,
moscas de circo, sabias moscas
entendidas en tiranía.

Entre las moscas sanguinarias
la Frutera desembarca,

THE UNITED FRUIT CO.

When the trumpet sounded, everything
on earth was prepared
and Jehovah distributed the world
to Coca Cola Inc., Anaconda,
Ford Motors, and other entities:
The Fruit Company Inc.
reserved the juiciest for itself,
the central coast of my land,
the sweet waist of America.
It re-baptized the lands
"Banana Republics"
and on the sleeping dead,
on the restless heroes
who'd conquered greatness,
liberty and flags,
it founded a comic opera:
it alienated free wills,
gave crowns of Caesar as gifts,
unsheathed jealousy, attracted
the dictatorship of the flies,
Trujillo flies, Tachos flies,
Carias flies, Martinez flies,
Ubico flies, flies soppy
with humble blood and marmelade,
drunken flies that buzz
around common graves,
circus flies, learned flies
adept at tyranny.

The Company disembarks
among the bloodthirsty flies,

arrasando el café y las frutas
en sus barcos que deslizaron
como bandejas el tesoro
de nuestras tierras sumergidas.

Mientras tanto, por los abismos
azucarados de los puertos,
caían indios sepultados
en el vapor de la mañana:
un cuerpo rueda, una cosa
sin nombre, un número caído
un racimo de fruta muerta
derramada en el pudridero.

brim-filling their boats that slide
with the coffee and fruit treasure
of our submerged lands like trays.

Meanwhile, along the sugared-up
abysms of the ports,
indians fall over, buried
in the morning mist:
a body rolls, a thing
without a name, a fallen number,
a bunch of dead fruit
spills into the pile of rot.

JH

EL FUGITIVO: XII
A todos, a vosotros

A todos, a vosotros,
los silenciosos seres de la noche
que tomaron mi mano en las tinieblas, a vosotros,
lámparas
de la luz inmortal, líneas de estrella,
pan de las vida, hermanos secretos,
a todos, a vosotros,
digo: no hay gracias,
nada podrá llenar las copas
de la pureza,
nada puede
contener todo el sol en las banderas
de la primavera invencible,
como vuestras calladas dignidades.
Solamente
pienso
que he sido tal vez digno de tanta
sencillez, de flor tan pura,
que tal vez soy vosotros, eso mismo,
esa miga de tierra, harina y canto.
ese amasijo natural que sabe
de dónde sale y dónde pertenece.
No soy una campana de tan lejos,
ni un crystal enterrado tan profundo
que tú no puedas descifrar, soy sólo
pueblo, puerta escondida, pan oscuro,
y cuando me recibes, te recibes
a ti mismo, a ese huésped
tantas veces golpeado
y tantas veces
renacido.

EL FUGITIVO: XII
To everyone, to you

To everyone, to you,
silent beings of the night
who took my hand in the darkness, to you,
lamps,
of immortal light, star lines,
bread of the living, secret brothers,
to everyone, to you,
I say: there's no thanks,
nothing could fill the cups
of purity,
nothing can
contain all of the sun in the flags
of the invincible springtime
like your quiet dignities.
Only
I'm thinking
maybe I've been worthy of so much
simplicity, of a flower so pure,
maybe I'm you, that's right,
that essence, flower and song of earth,
that natural kneading that knows
where it comes from and where it belongs.
I'm no distant bell
nor a crystal buried so deep
you can't figure it out, I'm just
the people, hidden door, dark bread
and when you receive me you receive yourself
in your very self, in that guest
beaten so many times
and so many times
reborn.

A todo, a todos,
a cuantos no conozco, a cuantos nunca
oyeron este nombre, a los que viven
a lo largo de nuestros largos ríos,
al pie de los volcanes, a la sombra
sulfúrica del cobre, a pescadores y labriegos,
a indios azules en la orilla
de lagos centelleantes como vidrios,
al zapatero que a esta hora interroga
clavando el cuero con antiguas manos,
a ti, al que sin saberlo me ha esperado,
yo pertenezco y reconozco y canto.

            To all and everyone,
to all I don't know, who'll never
hear this name, to those who live
along our long rivers,
at the foot of volcanoes, in the sulphuric
copper shadow, to fishermen and peasants,
to blue indians on the shore
of lakes sparkling like glass,
to the shoemaker who at this moment questions,
nailing leather with ancient hands,
to you, to whomever without knowing it has waited for
      me,
I belong and recognize and sing.

JH

EL GRAN OCÉANO

Si de tus dones y de tus destrucciones, Océano, a mis
    manos
pudiera destinar una medida, una fruta, un fermento,
escogería tu reposo distante, las líneas de tu acero
tu extensión vigilada por el aire y la noche,
y la energía de tu idioma blanco
que destroza y derriba sus columnas
en su propia pureza demolida.

No es la última ola con su salado peso
la que tritura costas y produce
la paz de arena que rodea el mundo:
es el central volumen de la fuerza,
la potencia extendida de las aguas,
la inmóvil soledad llena de vidas.
Tiempo, tal vez, o copa acumulada
de todo movimiento, unidad pura
que no selló la muerte, verde víscera
de la totalidad abrasadora.

Del brazo sumergido que levanta una gota
no queda sino un beso de la sal. De los cuerpos
del hombre en tus orillas una húmeda fragancia '
de flor mojada permanece. Tu energía
parece resbalar sin ser gastada,
parece regresar a su reposo.

La ola que desprendes,
arco de identidad, pluma estrellada,
cuando se despeñó fue sólo espuma,
y regresó a nacer sin consumirse.

THE GREAT OCEAN

If of your gifts and your destructions, Ocean, into my
    hands
you could deliver one part, one fruit, one ferment,
I would choose your remote repose, your lines of steel,
your vastness watched over by the air and night,
and the energy of your white language
smashing and overturning its own columns
in its purifying acts of demolition.

    It's not the last wave with its salty weight
    that grinds against the coasts and manufactures
    the peaceful bands of sand that ring the world:
    it is the central volume of your strength,
    the ever-extending power of your waters,
    the still solitude brimming with lives.
    Time, perhaps, or overflowing cup
    of all known motion, a pure oneness
    that death has never sealed, green viscera
    of blazing absolute totality.

    Of the sunken arm that throws up a drop of water
    nothing remains but a kiss of salt. Of the bodies
    of mankind along your shores a misty scent
    of wet flowers is all that lasts. Your energy
    seems to slip away without ever being exhausted,
    it seems to circle back into your calm.

    The wave that you let loose,
    arc of identity, exploded feather,
    when it was unleashed it was only foam,
    and without being wasted came back to be born.

Toda tu fuerza vuelve a ser origen.
Sólo entregas despojos triturados,
cáscaras que apartó tu cargamento,
lo que expulsó la acción de tu abundancia,
todo lo que dejó de ser racimo.

Tu estatua está extendida más allá de las olas.

Viviente y ordenada como el pecho y el manto
de un solo ser y sus respiraciones,
en la materia de la luz izadas,
llanuras levantadas por las olas
forman la piel desnuda del planeta.
Llenas tu propio ser con tu substancia.

Colmas la curvatura del silencio.

Con tu sal y tu miel tiembla la copa,
la cavidad universal del agua,
y nada falta en tí como en el cráter
desollado, en el vaso cerril:
cumbres vacías, cicatrices, señales
que vigilan el aire mutilado.

Tus pétalos palpitan contra el mundo
tiemblan tus cereales submarinos,
las suaves ovas cuelgan su amenaza
navegan y pululan las escuelas,
y sólo sube al hilo de las redes
el relámpago muerto de la escama
un milímetro herido en la distancia
de tus totalidades cristalinas.

All of your strength returns to its beginning.
All that you leave are crushed shards of remains,
empty husks your load scooped out and scattered,
what was expelled by the action of your abundance,
all that was left of its clustered fruit of being.

Your statue casts its shadow far beyond the waves.

Alive and arranged like the chest and the robe
of a single creature and its steady breathing,
lifted in material forms of light,
great prairies raised up by the heaving waves,
they shape the naked skin of the whole planet.
You flood your own being with your very substance.

You overflow the curvature of silence.

The cup is trembling with your salt and honey,
the water's universal cavity,
and nothing's missing in you as in the desolate
crater, in the rough and wild vessel:
deserted peaks, scars, rugged marks
watching over the mutilated air.

> Your petals pound the surface of the world,
> your underwater grains are always trembling,
> the smooth green algae dangle their menace,
> the schools of fish swim in their teeming swarms,
> and all that comes up in the threaded nets
> is the dead lightning of their scales,
> a wounded millimeter in the distance
> of all your crystalline totalities.

SK

105

EL ALFARERO

Todo tu cuerpo tiene
copa o dulzura destinada a mí.

Cuando subo la mano
encuentro en cada sitio una paloma
que me buscaba, como
si te hubieran, amor, hecho de arcilla
para mis propias manos de alfarero.

Tus rodillas, tus senos
tu cintura
faltan en mí como en el hueco
de una tierra sedienta
de la que desprendieron
una forma,
y juntos
somos completos como un solo río,
como una sola arena.

THE POTTER

Your whole body holds
a wineglass or gentle sweetness destined for me.

When I let my hand climb,
in each place I find a dove
that was looking for me, as if
my love, they had made you out of clay
for my very own potter's hands.

Your knees, your breasts,
your waist
are missing in me, like in the hollow
of a thirsting earth
where they relinquished
a form,
and together
we are complete like one single river,
like one single grain of sand.

ME

ODA A UNA CASTAÑA EN EL SUELO

Del follaje erizado
caíste
completa,
de madera pulida
de lúcida caoba,
lista
como un violín que acaba
de nacer en la altura,
y cae
ofreciendo sus dones encerrados
su escondida dulzura,
terminada en secreto
entre pájaros y hojas,
escuela de la forma,
linaje de la leña y de la harina,
instrumento ovalado
que guarda en su estructura
delicia intacta y rosa comestible.
En lo alto abandonaste
el erizado erizo
que entreabrió sus espinas
en la luz del castaño,
por esa partidura
viste el mundo,
pájaros
llenos de sílabas,
rocío
con estrellas,
y abajo
cabezas de muchachos
y muchachas,

ODE TO A CHESTNUT ON THE GROUND

Out of the bristling foliage
you fell
complete:
polished wood,
glistening mahogany,
perfect
as a violin that has just
been born in the treetops
and falls
offering the gifts locked inside it,
its hidden sweetness,
finished in secret among
birds and leaves,
school of form,
lineage of firewood and flour,
oval instrument
that holds in its structure
unblemished delight and edible rose.
Up there, you abandoned
the bristling husk
that half-opened its barbs
in the light of the chestnut tree,
through that opening
you saw the world,
birds
filled with syllables,
starry
dew,
and down below
the heads of boys
and girls,

hierbas que tiemblan sin reposo,
humo que sube y sube.
Te decidiste,
castaña,
y saltaste a la tierra,
bruñida y preparada,
endurecida y suave
como un pequeño seno
de las isles de América.
Caíste
golpeando
el suelo
pero
nada pasó,
la hierba
siguió temblando, el viejo
castaño susurró como las bocas
de toda una arboleda,
cayó una hoja del otoño rojo,
firme siguieron trabajando
las horas en la tierra.
Porque eres
sólo
una semilla
castaño, otoño, tierra
agua, altura, silencio
prepararon el germen,
la harinosa espesura,
los párpados maternos
que abrirán, enterrados,
de nuevo hacia la altura
la magnitud sencilla
de un follaje,
la oscura trama húmeda

grasses that fluttered restlessly,
smoke that rises and rises.
You made up your mind,
chestnut,
and you leapt down to earth,
burnished and prepared,
firm and smooth
as a small breast
in the islands of America.
You fell
hitting
the ground
but
nothing happened,
the grass
went on fluttering, the old
chestnut tree whispered like the mouths
of a hundred trees,
one leaf fell from red autumn,
steadily the hours kept on working
upon the earth.
Because you are
just
a seed:
chestnut tree, autumn, earth,
water, heights, silence
prepared the embryo,
the floury thickness,
the maternal eyelids,
which, buried, will open again
toward the heights
the simple magnificence
of foliage,
the dark, damp network

de unas nuevas raíces,
las antiguas y nuevas dimensiones
de otro castaño en la tierra.

of new roots,
the ancient and new dimensions
of another chestnut tree in the earth.

SM

ODA AL LIBRO (II)

Libro
hermoso,
libro,
mimimo bosque,
hoja
tras hoja,
huele
tu papel
a elemento
eres
matutino y nocturno,
cereal,
oceánico
en tus antiguas páginas
cazadores de osos,
fogatas
cerca del Mississippi
canoas
en las islas,
más tarde
caminos
y caminos,
revelaciones,
pueblos
insurgentes,
Rimbaud como un herido
pez sangriento
palpitando en el lodo,
y la hermosura
de la fraternidad,
piedra por piedra

ODE TO THE BOOK (II)

Book,
beautiful
book,
miniscule forest,
leaf
after leaf
your paper
smells
of the elements,
you are
matutinal and nocturnal,
vegetal,
oceanic,
in your ancient pages
bear hunters,
camp fires
near the Mississippi
canoes
in the islands,
later
roads
and roads,
revelations,
insurgent
races,
Rimbaud like a wounded
fish bleeding
flopping in the mud,
and the beauty
of fellowship,
stone by stone

sube el castillo humano,
dolores que entretejen
la firmeza,
acciones solidarias,
libro
oculto
de bolsillo
en bolsillo,
lámpara
clandestina,
estrella roja.

Nosotros
los poetas
caminantes
exploramos
el mundo,
en cada puerta
nos recibió la vida
participamos
en la lucha terrestre.
Cuál fue nuestra victoria?
Un libro,
un libro lleno
de contactos humanos
de camisas,
un libro
sin soledad, con hombres
y herramientas,
un libro
es la victoria.
Vive y cae
como todos los frutos,
no solo tiene luz,

the human castle rises,
sorrows intertwined
with strength,
actions of solidarity,
clandestine
book
from pocket
to pocket,
hidden
lamp,
red star.

We
the wandering
poets
explored
the world,
at every door
life received us,
we took part
in the earthly struggle.
What was our victory?
A book,
a book full
of human touches,
of shirts,
a book
without loneliness, with men
and tools,
a book
is victory.
It lives and falls
like all fruit,
it doesn't have light,

no solo tiene
sombra,
se apaga,
se deshoja,
se pierde
entre las calles,
se desploma en la tierra.
Libro de poesía
de mañana,
otra vez
vuelve
a tener nieve y musgo
en tus páginas
para que las pisadas
o los ojos
vayan grabando
huellas:
de nuevo
descríbenos el mundo,
las manantiales
entre la espesura,
las altas arboledas,
los planetas
polares,
y el hombre
en los caminos,
en los nuevos caminos,
avanzando
en la selva,
en el agua,
en el cielo,
en la desnuda soledad marina,
el hombre
descubriendo

it doesn't just have
shadow,
it fades,
it sheds its leaves,
it gets lost
in the streets,
it tumbles to earth.
Morning-fresh
book of poetry,
return
again
to hold snow and moss
on your pages
so that footsteps
or eyes
may keep carving
trails:
once more
describe the world to us,
the springs
in the middle of the forest
the high woodlands,
the polar
planets,
and man
on the roads,
on the new roads,
advancing
in the jungle,
in the water,
in the sky,
in the naked solitude of the sea,
man
discovering

los últimos secretos,
el hombre
regresando
con un libro,
el cazador de vuelta
con un libro,
el campesino
arando
con un libro.

the ultimate secrets,
man
returning
with a book,
the hunter back again
with a book,
the farmer
plowing
with a book.

SM

ODA A UN RELOJ EN LA NOCHE

En la noche, en tu mano
brilló como luciérnaga
mi reloj.
Oí
su cuerda:
como un susurro seco
salía
de tu mano invisible.
Tu mano entonces
volvió a mi pecho oscuro
a recoger mi sueño y su latido.

El reloj
siguió cortando el tiempo
con su pequeña sierra.
Como en un bosque
caen
fragmentos de madera,
mínimas gotas, trozos
de ramajes o nidos,
sin que cambie el silencio,
sin que la fresca oscuridad termine,
así
siguió el reloj cortando
desde tu mano invisible,
tiempo, tiempo,
y cayeron
minutos como hojas,
fibras de tiempo roto,
pequeñas plumas negras.

ODE TO A WATCH IN THE NIGHT

In the night, in your hand
my watch glowed
like a firefly.
I heard
its ticking:
like a dry whisper
it arose
from your invisible hand.
Then your hand
returned to my dark breast
to gather my sleep and its pulse.

The watch
went on cutting time
with its little saw.
As in a forest
fragments of wood,
tiny drops, pieces
of branches or nests
fall
without changing the silence,
without ending the cool darkness,
so
from your invisible hand
the watch went on cutting
time, time,
and minutes fell
like leaves,
fibers of broken time,
little black feathers.

Como en el bosque
olíamos raíces,
el agua en algún sitio desprendía
una gotera gruesa
como uva mojada.
Un pequeño molino
molía noche,
la sombra susurraba
cayendo de tu mano
y llenaba la tierra.
Polvo,
tierra, distancia
molía y molía
mi reloj en la noche,
desde tu mano.

Yo puse
mi brazo
bajo tu cuello invisible
bajo su peso tibio,
y en mi mano
cayó el tiempo,
la noche,
pequeños ruidos
de madera y de bosque,
de noche dividida,
de fragmentos de sombra,
de agua que cae y cae:
entonces
cayó el sueño
desde el reloj y desde
tus dos manos dormidas,
cayó como agua oscura
de los bosques,

As in the forest
we smelled roots,
somewhere water released
a fat drop
like a wet grape.
A little mill
was grinding the night,
the shadow whispered
falling from your hand
and filled the earth.
Dust,
earth, distance,
my watch in the night
was grinding and grinding
from your hand.

I put
my arm
under your invisible neck,
under its warm weight,
and in my hand
time fell,
the night,
little noises
of wood and forest,
of divided night,
of fragments of shadow,
of water that falls and falls:
then
sleep fell
from the watch and from
your two sleeping hands,
it fell like the dark water
of the forests,

del reloj
a tu cuerpo,
de ti hacia los países,
agua oscura,
tiempo que cae
y corre
adentro de nosotros.

Y así fue aquella noche,
sombra y espacio, tierra
y tiempo,
algo que corre y cae
y pasa.
Y así todas las noches
van por la tierra,
no dejan sino un vago
aroma negro,
cae una hoja,
una gota
en la tierra
apaga su sonido,
duerme el bosque, las aguas,
las praderas,
las campanas,
los ojos.

Te oigo y respiras,
amor mío,
dormimos.

from the watch
to your body,
from you toward countries,
dark water,
time that falls
and runs
inside us.

And that's how it was, that night,
shadow and space, earth
and time,
something that runs and falls
and passes.
And that's how all the nights
go over the earth,
leaving only a vague
black odor.
A leaf falls,
a drop
on the earth
muffles its sound,
the forest sleeps, the waters,
the meadows,
the bells,
the eyes.

I hear you and you breathe,
my love,
we sleep.

SM

ODA AL VINO

Vino color de día,
vino color de noche,
vino con pies de púrpura
o sangre de topacio,
vino,
estrellado hijo
de la tierra,
vino, liso
como una espada de oro,
suave
como un desordenado terciopelo,
vino encaracolado
y suspendido,
amoroso,
marino,
nunca has cabido en una copa,
en un canto, en un hombre,
coral, gregario eres,
y, cuando menos, mutuo.
A veces
te nutres de recuerdos
mortals,
en tu ola
vamos de tumba en tumba,
picapedrero de sepulcro helado,
y lloramos
lágrimas transitorias,
pero
tu hermoso
traje de primavera
es diferente,

ODE TO WINE

Wine color of day,
wine color of night,
wine with your feet of purple
or topaz blood,
wine,
starry child
of the earth,
wine, smooth
as a golden sword,
soft
as ruffled velvet,
wine spiral-shelled
and suspended,
loving,
marine,
you've never been contained in one glass
in one song, in one man,
choral, you are gregarious,
and, at least, mutual.
Sometimes
you feed on mortal
memories,
on your wave
we go from tomb to tomb,
stonecutter of icy graves,
and we weep
transitory tears, but
your beautiful
spring suit
is different,

el corazón sube a las ramas,
el viento mueve el día,
nada queda
dentro de tu alma inmóvil.
El vino
mueve la primavera
crece como una planta la alegría
caen muros,
peñascos,
se cierran los abismos,
nace el canto.
Oh tú, jarra de vino, en el desierto
con la sabrosa que amo,
dijo el viejo poeta.
Que el cántaro de vino
al beso del amor sume su beso.

Amor mío, de pronto
tu cadera
es la curva colmada
de la copa,
tu pecho es el racimo,
la luz del alcohol tu cabellera,
las uvas tus pezones,
tu ombligo sello puro
estampado en tu vientre de vasija,
y tu amor la cascada
de vino inextinguible,
la claridad que cae en mis sentidos,
el esplendor terreste de la vida.

Pero no sólo amor,
beso quemante
o corazón quemado

the heart climbs to the branches,
the wind moves the day,
nothing remains
in your motionless soul.
Wine
stirs the Spring,
joy grows like a plant,
walls, boulders,
fall,
abysses close up,
song is born.
Oh, thou, jug of wine, in the desert
with the delightful woman I love,
said the old poet.
Let the pitcher of wine
add its kiss to the kiss of love.

My love, suddenly
your hip
is the curve of the wineglass
filled to the brim,
your breast is the cluster,
your hair the light of alcohol,
your nipples, the grapes
your navel pure seal
stamped on your barrel of a belly,
and your love the cascade
of unquenchable wine,
the brightness that falls on my senses,
the earthen splendor of life.

But not only love,
burning kiss,
or ignited heart —

eres, vino de vida,
sino
amistad de los seres, transparencia,
coro de disciplina,
abundancia de flores.
Amo sobre una mesa,
cuando se habla,
la luz de una botella
de inteligente vino.
Que lo beban,
que recuerden en cada
gota de oro
o cuchara de púrpura
que trabajó el otoño
hasta llenar de vino las vasijas
y aprenda el hombre oscuro,
en el ceremonial de su negocio,
a recordar la tierra y sus deberes,
a propagar el cántico del fruto.

you are, wine of life,
also
fellowship, transparency,
chorus of discipline,
abundance of flowers.
I love the light of a bottle
of intelligent wine
upon a table
when people are talking.
That they drink it,
that in each drop of gold
or ladle of purple,
they remember
that autumn toiled
until the barrels were full of wine,
and let the obscure man learn,
in the ceremony of his business,
to remember the earth and his duties,
to propagate the canticle of the fruit.

ME (SM)

FÁBULA DE LA SIRENA Y LOS BORRACHOS

Todos estos señores estaban dentro
cuando ella entró completamente desnuda
ellos habían bebido y comenzaron a escupirla
ella no entendía nada recién salía del río
era una sirena que se había extraviado
los insultos corrían sobre su carne lisa
la inmundicia cubrió sus pechos de oro
ella no sabía llorar por eso no lloraba
no sabía vestirse por eso no se vestía
la tatuaron con cigarrillos y con corchos quemados
y reían hasta caer al suelo de la taberna
ella no hablaba porque no sabía hablar
sus ojos eran color de amor distante
sus brazos construidos de topacios gemelos
sus labios se cortaron en la luz del coral
y de pronto salió por esa puerta
apenas entró al río quedó limpia
relució como una piedra blanca en la lluvia
y sin mirar atrás nadó de nuevo
nadó hacia nunca más hacia morir.

FABLE OF THE MERMAID AND THE DRUNKS

All these gentlemen were there inside
when she entered, utterly naked.
they had been drinking, and began to spit at her
recently come from the river, she understood nothing
she was a mermaid who had lost her way
the taunts flowed over her glistening flesh
obscenities drenched her golden breasts
a stranger to tears, she did not weep
a stranger to clothes, she did not dress
they pocked her with cigarette ends and with burnt corks
rolled on the tavern floor with laughter
she did not speak, since speech was unknown to her
her eyes were the color of faraway love
her arms were matching topazes
her lips moved soundlessly in coral light
and ultimately, she left by that door
scarcely had she entered the river than she was cleansed
gleaming once more like a white stone in the rain
and without a backward look, she swam once more
swam toward nothingness, swam to her dying.

AR

EL GRAN MANTEL

Cuando llamaron a comer
se abalanzaron los tiranos
y sus cocotas pasajeras,
y era hermoso verlas pasar
como avispas de busto grueso
seguidas por aquellos pálidos
y desdichados tigres públicos.

Su oscura ración de pan
comió el campesino en el campo,
estaba solo y era tarde,
estaba rodeado de trigo,
pero no tenía más pan,
se lo comió con dientes duros,
mirándolo con ojos duros.

En la hora azul del almuerzo,
la hora infinita del asado,
el poeta deja su lira,
toma el cuchillo, el tenedor
y pone su vaso en la mesa,
y los pescadores acuden
al breve mar de la sopera.
Las papas ardiendo protestan
entre las lenguas del aceite.
Es de oro el cordero en las brasas
y se desviste la cebolla.
Es triste comer de frac,
es comer en un ataúd,
pero comer en los conventos
es comer ya bajo la tierra.

THE GREAT TABLECLOTH

When they were called to the table,
the tyrants came rushing
with their temporary ladies,
it was fine to watch the women pass
like wasps with big bosoms
followed by those pale
and unfortunate public tigers.

The peasant in the field ate
his poor quota of bread,
he was alone, it was late,
he was surrounded by wheat,
but he had no more bread,
he ate it with grim teeth,
looking at it with hard eyes.

In the blue hour of eating,
the infinite hour of the roast,
the poet abandons his lyre,
takes up his knife and fork,
puts his glass on the table,
and the fishermen attend
the little sea of the soup bowl.
Burning potatoes protest
among the tongues of oil.
The lamb is gold on its coals
and the onion undresses.
It is sad to eat in dinner clothes,
like eating in a coffin,
but eating in convents
is like eating underground.

Comer solos es muy amargo
pero no comer es profundo,
es hueco, es verde, tiene espinas
como una cadena de anzuelos
que cae desde el corazón
y que te clava por adentro.

Tener hambre es como tenazas,
es como muerden los cangrejos,
quema, quema y no tiene fuego:
el hambre es un incendio frío.
Sentémonos pronto a comer
con todos los que no han comido,
pongamos los largos manteles,
la sal en los lagos del mundo,
panaderías planetarias,
mesas con fresas en la nieve,
y un plato como la luna
en donde todos almorcemos.

Por ahora no pido más
que la justicia del almuerzo.

Eating alone is a disappointment,
but not eating matters more,
is hollow and green, has thorns
like a chain of fish hooks
trailing from the heart,
clawing at your insides.

Hunger feels like pincers,
like the bite of crabs,
it burns, burns and has no fire.
Hunger is a cold fire.
Let us sit down soon to eat
with all those who haven't eaten;
let us spread great tablecloths,
put salt in the lakes of the world,
set up planetary bakeries,
tables with strawberries in snow,
and a plate like the moon itself
from which we can all eat.

For now I ask no more
than the justice of eating.

AR

CIEN SONETOS DE AMOR: XII
Plena mujer, manzana carnal

Plena mujer, manzana carnal, luna caliente,
espeso aroma de algas, lodo y luz machacados,
qué oscura claridad se abre entre tus columnas?
Qué antigua noche el hombre toca con sus sentidos?

Ay, amar es un viaje con agua y con estrellas,
con aire ahogado y bruscas tempestades de harina:
amar es un combate de relámpagos
y dos cuerpos por una sola miel derrotados.

Beso a beso recorro tu pequeño infinito,
tus imágenes, tus ríos, tus pueblos diminutos,
y el fuego genital transformado en delicia

corre por los delgados caminos de la sangre
hasta precipitarse como un clavel nocturno,
hasta ser y no ser sino un rayo en la sombra.

ONE HUNDRED LOVE SONNETS: XII
Full woman, carnal apple

Full woman, carnal apple, hot moon,
thick smell of seaweed, crushed mud and light,
what obscure clarity opens between your columns?
What ancient night does man touch with his senses?

Ah, loving is a voyage with water and with stars,
with suffocating air and brusque storms of flour:
loving is a battle of lightning bolts,
and two bodies, overcome by one honey.

Kiss by kiss I travel across your small infinity,
your images, your rivers, your diminutive villages,
and the genital fire transformed into delight

runs through the narrow trails of the blood
until it plunges itself, like a nocturnal carnation,
until it is and is nothing more but a ray in the shadows.

ME

CIEN SONETOS DE AMOR: XVII

No te amo como si fueras rosa

No te amo como si fueras rosa de sal, topacio
o flecha de claveles que propagan el fuego:
te amo como se aman ciertas cosas oscuras,
secretamente, entre la sombra y el alma.

Te amo como la planta que no florece y lleva
dentro de sí, escondida, la luz de aquellas flores,
y gracias a tu amor vive oscuro en mi cuerpo
el apretado aroma que ascendió de la tierra.

Te amo sin saber como, ni cuándo, ni de dónde,
te amo directamente sin problemas ni orgullo:
así te amo porque no sé amar de otra manera,
sino así de este modo en que no soy ni eres,
tan cerca que tu mano sobre mi pecho es mía,
tan cerca que se cierran tus ojos con mi sueño.

ONE HUNDRED LOVE SONNETS: XVII

I don't love you as if you were a rose

I don't love you as if you were a rose of salt, topaz,
or arrow of carnations that propagate fire:
I love you as one loves certain obscure things,
secretly, between the shadow and the soul.

I love you as the plant that doesn't bloom but carries
the light of those flowers, hidden, within itself,
and thanks to your love the tight aroma that arose
from the earth lives dimly in my body.

I love you without knowing how, or when, or from where,
I love you directly without problems or pride:
I love you like this because I don't know any other way
      to love,
except in this form in which I am not nor are you,
so close that your hand upon my chest is mine,
so close that your eyes close with my dreams.

ME

DEBER DEL POETA

A quien no escucha el mar en este viernes
por la mañana, a quien adentro de algo,
casa, oficina, fábrica o mujer,
o calle o mina o seco calabozo:
a éste yo acudo y sin hablar ni ver
llego y abro la puerta del encierro
y un sin fin se oye vago en la insistencia,
un largo trueno roto se encadena
al peso del planeta y de la espuma,
surgen los ríos roncos del océano,
vibra veloz en su rosal la estrella
y el mar palpita, muere y continúa.

Así por el destino conducido
debo sin tregua oír y conservar
el lamento marino en mi conciencia,
debo sentir el golpe de agua dura
y recogerlo en una taza eterna
para que donde esté el encarcelado,
donde sufra el castigo del otoño
yo esté presente con una ola errante,
yo circule a través de las ventanas
y al oírme levante la mirada
diciendo: cómo me acercaré al océano?
Y yo trasmitiré sin decir nada
los ecos estrellados de la ola,
un quebranto de espuma y arenales,
un susurro de sal que se retira,
el grito gris del ave de la costa.

POET'S OBLIGATION

To whomever is not listening to the sea
this Friday morning, to whomever is cooped up
in house or office, factory or woman
or street or mine or harsh prison cell:
to him I come, and, without speaking or looking,
I arrive and open the door of his prison,
and a vibration starts up, vague and insistent,
a great fragment of thunder sets in motion
the rumble of the planet and the foam,
the raucous rivers of the ocean flood,
the star vibrates swiftly in its corona,
and the sea is beating, dying and continuing.

So, drawn on by my destiny,
I endlessly must listen to and keep
the sea's lamenting in my awareness,
I must feel the crash of the hard water
and gather it up in a perpetual cup
so that, wherever those in prison may be,
wherever they suffer the autumn's castigation,
I may be there with an errant wave,
I may move, passing through windows,
and hearing me, eyes will glance upward
saying: how can I reach the sea?
And I shall broadcast, saying nothing,
the starry echoes of the wave,
a breaking up of foam and of quicksand,
a rustling of salt withdrawing,
the grey cry of sea-birds on the coast.

Y así, por mí, la libertad y el mar
responderán al corazón oscuro.

So, through me, freedom and the sea
will make their answer to the shuttered heart.

AR

LA PALABRA

Nació
la palabra en la sangre,
creció en el cuerpo oscuro, palpitando,
y voló con los labios y la boca.

Más lejos y más cerca
aún, aún venía
de padres muertos y de errantes razas,
de territorios que se hicieron piedra,
que se cansaron de sus pobres tribus,
porque cuando el dolor salió al camino
los pueblos anduvieron y llegaron
y nueva tierra y agua reunieron
para sembrar de nuevo su palabra.
Y así la herencia es ésta:
éste es el aire que nos comunica
con el hombre enterrado y con la aurora
de nuevos seres que aun no amanecieron.

Aún la atmósfera tiembla
con la primera palabra
elaborada
con pánico y gemido.
Salió
de las tinieblas
y hasta ahora no hay trueno
que truene aún con su ferretería
como aquella palabra,
la primera
palabra pronunciada:
tal vez sólo un susurro fue, una gota,
y cae y cae aún su catarata.

THE WORD

The word
was born in the blood,
grew in the dark body, beating,
and flew through the lips and the mouth.

Farther away and nearer
still, still it came
from dead fathers and from wandering races
from lands that had returned to stone
weary of their poor tribes
because when pain took to the roads
the settlements set out and arrived
and new lands and water reunited
to sow their word anew.
And so, this is the inheritance —
this is the wavelength which connects us
with the dead man and the dawn
of new beings not yet come to light.

Still the atmosphere quivers
with the initial word
dressed up
in terror and sighing.
It emerged
from the darkness
and until now there is no thunder
that rumbles yet with all the iron
of that word,
the first
word uttered —
perhaps it was only a ripple, a drop
and yet its great cataract falls and falls.

Luego el sentido llena la palabra.
Quedó preñada y se llenó de vidas.
Todo fue nacimientos y sonidos:
la afirmación, la claridad, la fuerza,
la negación, la destrucción, la muerte :
el verbo asumió todos los poderes
y se fundió existencia con esencia
en la electricidad de su hermosura.

Palabra humana, sílaba, cadera
de larga luz y dura platería,
hereditaria copa que recibe
las comunicaciones de la sangre:
he aquí que el silencio fue integrado
por el total de la palabra humana
y no hablar es morir entre los seres:
se hace lenguaje hasta la cabellera,
habla la boca sin mover los labios:
los ojos de repente son palabras.

Yo tomo la palabra y la recorro
como si fuera sólo forma humana,
me embelesan sus líneas y navego
en cada resonancia del idioma:
pronuncio y soy y sin hablar me acerca
el fin de las palabras al silencio.

Bebo por la palabra levantando
una palabra o copa cristalina,
en ella bebo
el vino del idioma
o el agua interminable,
manantial maternal de las palabras,
y copa y agua y vino

Later on, the word fills with meaning.
Always with child, it filled up with lives.
Everything was births and sounds —
affirmation, clarity, strength,
negation, destruction, death —
the verb took over all the power
and blended existence with essence
in the electricity of its beauty.

Human word, syllable, combination
of spread light and the fine art of the silversmith,
hereditary goblet which gathers
the communications of the blood —
here is where silence came together with
the wholeness of the human word,
and, for human beings, not to speak is to die —
language extends even to the hair,
the mouth speaks without the lips moving —
all of a sudden the eyes are words.

I take the word and go over it
as though it were nothing more than a human shape,
its arrangements awe me and I find my way
through each variation in the spoken word —
I utter and I am and without speaking I approach
the limit of words and the silence.

I drink to the word, raising
a word or a shining cup,
in it I drink
the pure wine of language
or inexhaustible water,
maternal source of words,
and cup and water and wine

originan mi canto
porque el verbo es origen
y vierte vida: es sangre,
es la sangre que expresa su substancia
y está dispuesto así su desarrollo:
dan cristal al cristal, sangre a la sangre,
y dan vida a la vida las palabras.

give rise to my song
because the verb is the source
and vivid life — it is blood,
blood which expresses its substance
and so implies its own unwinding —
words give glass-quality to glass, blood to blood,
and life to life itself.

AR

EL MAR

Un solo ser, pero no hay sangre.
Una sola caricia, muerte o rosa.
Viene el mar y reúne nuestras vidas
y solo ataca y se reparte y canta
en noche y día y hombre y criatura.
La esencia : fuego y frío : movimiento

THE SEA

One single being, but there's no blood.
One single caress, death or rose.
The sea comes and reunites our lives
and attacks and divides and sings alone
in night and day and man and creature.
The essence : fire and cold : movement.

ME

EL PUEBLO

De aquel hombre me acuerdo y no han pasado
sino dos siglos desde que lo vi,
no anduvo ni a caballo ni en carroza:
a puro pie
deshizo
las distancias
y no llevaba espada ni armadura,
sino redes al hombro,
hacha o martillo o pala,
nunca apaleó a ninguno de su especie:
su hazaña fue contra el agua o la tierra,
contra el trigo para que hubiera pan,
contra el árbol gigante para que diera leña,
contra los muros para abrir las puertas,
contra la arena construyendo muros
y contra el mar para hacerlo parir.

Lo conocí y aún no se me borra.

Cayeron en pedazos las carrozas,
la guerra destruyó puertas y muros,
la ciudad fue un puñado de cenizas,
se hicieron polvo todos los vestidos,
y él para mí subsiste,
sobrevive en la arena,
cuando antes parecía
todo imborrable menos él.

En el ir y venir de las familias
a veces fue mi padre o mi pariente
o apenas si era él o si no era

THE PEOPLE

That man I remember well, and at least two centuries
have passed since I last saw him;
he traveled neither on horseback nor in a carriage,
always on foot
he undid
the distances,
carrying neither sword nor weapon
but nets on his shoulder,
ax or hammer or spade;
he never fought with another of his kind —
his struggle was with water or with earth,
with the wheat, for it to become bread,
with the towering tree, for it to yield wood,
with walls, to open doors in them,
with sand, to form it into walls,
and with the sea, to make it bear fruit.

I knew him and he goes on haunting me.

The carriages splintered into pieces,
war destroyed doorways and walls,
the city was a fistful of ashes,
all the dresses shivered into dust,
and for me he persists,
he survives in the sand,
when everything previously
seemed durable except him.

In the comings and goings of families,
sometimes he was my father or my relative
or almost was, or, if not, perhaps

tal vez aquel que no volvió a su casa
porque el agua o la tierra lo tragaron
o lo mató una máquina o un árbol
o fue aquel enlutado carpintero
que iba detrás del ataúd, sin lágrimas,
alguien en fin que no tenía nombre,
que se llamaba metal o madera,
y a quien miraron otros desde arriba
sin ver la hormiga
sino el hormiguero
y que cuando sus pies no se movían,
porque el pobre cansado había muerto,
no vieron nunca que no lo veían:
había ya otros pies en donde estuvo.

Los otros pies eran él mismo,
también las otras manos,
el hombre sucedía :
cuando ya parecía transcurrido
era el mismo de nuevo,
allí estaba otra vez cavando tierra,
cortando tela, pero sin camisa,
allí estaba y no estaba, como entonces,
se había ido y estaba de nuevo,
y como nunca tuvo cementerio,
ni tumba, ni su nombre fue grabado
sobre la piedra que cortó sudando,
nunca sabía nadie que llegaba
y nadie supo cuando se moría,
así es que sólo cuando el pobre pudo
resucitó otra vez sin ser notado.

Era el hombre sin duda, sin herencia
sin vaca, sin bandera,

the other one who never came back home
because water or earth swallowed him,
a machine or a tree killed him,
or he was that funeral carpenter
who walked behind the coffin, dry-eyed,
someone who never had a name
except as wood or metal have names,
and on whom others looked from above
not noticing the ant,
only the anthill;
so that when his feet no longer moved
because, poor and tired, he had died,
they never saw what they were not used to seeing —
already other feet walked in his footsteps.

The other feet were still him,
the other hands as well.
The man persisted.
When it seemed he must be spent,
he was the same man over again;
there he was once more, digging the ground,
cutting cloth, but without a shirt,
he was there and he wasn't, just as before
he had gone away and replaced himself;
and since he never had cemetery
or tomb, or his name engraved
on the stone that he sweated to cut,
nobody ever knew of his arrival
and nobody knew when he died,
so only when the poor man was able
did he come back to life, unnoticed.

He was the man all right, with no inheritance
no cattle, no coat of arms,

y no se distinguía entre los otros,
los otros que eran él,
desde arriba era gris como el subsuelo,
como el cuero era pardo,
era amarillo cosechando trigo,
era negro debajo de la mina,
era color de piedra en el castillo,
en el barco pesquero era color de atún
y color de caballo en la pradera:
cómo podía nadie distinguirlo
si era el inseparable, el elemento,
tierra, carbón o mar vestido de hombre ?

Donde vivió crecía
cuanto el hombre tocaba:
la piedra hostil,
quebrada
por sus manos,
se convertía en orden
y una a una formaron
la recta claridad del edificio,
hizo el pan con sus manos,
movilizó los trenes,
se poblaron de pueblos las distancias,
otros hombres crecieron,
llegaron las abejas,
y porque el hombre crea y multiplica
la primavera caminó al mercado
entre panaderías y palomas.

El padre de los panes fue olvidado,
él que cortó y anduvo, machacando
y abriendo surcos, acarreando arena,
cuando todo existió ya no existía,

and he did not stand out from others,
others who were himself;
from above he was gray, like clay,
he was drab, like leather,
he was yellow harvesting wheat,
he was black down in the mine,
stone-colored in the castle,
in the fishing boat the color of tuna,
horse-colored on the prairies —
how could anyone distinguish him
if he were inseparable from his element,
earth, coal, or sea in a man's form ?

Where he lived, everything
the man touched would grow —
the hostile stones
broken
by his hands
took shape and line
and one by one assumed
the sharp forms of buildings;
he made bread with his hands,
set the trains running;
the distances filled with towns,
other men grew,
the bees arrived,
and through the man's creating and multiplying,
spring wandered into the marketplace
between bakeries and doves.

The father of the loaves was forgotten,
the one who cut and trudged, beating
and opening paths, shifting sand;
when everything came into being, he no longer existed.

él daba su existencia, eso era todo.
Salió a otra parte a trabajar, y luego
se fue a morir rodando
como piedra del río:
aguas abajo lo llevó la muerte.

Yo, que lo conocí, lo vi bajando
hasta no ser sino lo que dejaba :
calles que apenas pudo conocer,
casas que nunca y nunca habitaría.

Y vuelvo a verlo, y cada día espero.

Lo veo en su ataúd y resurrecto.

Lo distingo entre todos
los que son sus iguales
y me parece que no puede ser,
que así no vamos a ninguna parte,
que suceder así no tiene gloria.

Yo creo que en el trono debe estar
este hombre, bien calzado y coronado.

Creo que los que hicieron tantas cosas
deben ser dueños de todas las cosas.
Y los que hacen el pan deben comer!

Y deben tener luz los de la mina!

Basta ya de encadenados grises!

Basta de pálidos desaparecidos!

He gave away his existence, that was all.
He went somewhere else to work and ultimately
he went toward death, rolling
like a river stone;
death carried him off downstream.

I who knew him saw him go down
until he existed only in what he was leaving —
streets he could scarcely be aware of,
houses he never never would inhabit.

And I come back to see him, and every day I wait.

I see him in his coffin and resurrected.

I pick him out from all
the others who are his equals
and it seems to me that this cannot be,
that this way leads us nowhere,
that to continue so has no glory.

I believe that heaven must encompass
this man, properly shod and crowned.

I think that those who made so many things
ought to be owners of everything.
That those who make bread ought to eat.

That those in the mine should have light.

Enough now of gray men in chains!

Enough of the pale souls who have disappeared!

Ni un hombre más que pase sin que reine.

Ni una sola mujer sin su diadema.

Para todas las manos guantes de oro.

Frutas de sol a todos los oscuros!

Yo conocí aquel hombre y cuando pude,
cuando ya tuve ojos en la cara,
cuando ya tuve la voz en la boca
lo busqué entre las tumbas, y le dije
apretándole un brazo que aún no era polvo:

"Todos se irán, tú quedarás viviente.

Tú encendiste la vida.

Tú hiciste lo que es tuyo."

Por eso nadie se moleste cuando
parece que estoy solo y no estoy solo,
no estoy con nadie y hablo para todos:

Alguien me está escuchando y no lo saben,
pero aquellos que canto y que lo saben
siguen naciendo y llenarán el mundo.

Not another man should pass except as a ruler.

Not one woman without her diadem.

Gloves of gold for every hand.

Fruits of the sun for all the shadowy ones!

I knew that man, and when I could,
when I still had eyes in my head,
when I still had a voice in my throat,
I sought him among the tombs and I said to him,
pressing his arm that still was not dust:

"Everything will pass, you will still be living.

You set fire to life.

You made what is yours."

So let no one be perturbed when
I seem to be alone and am not alone;
I am not without company and I speak for all.

Someone is hearing me without knowing it,
but those I sing of, those who know,
go on being born and will overflow the world.

AR

Translator's Note: The word pueblo *invokes in Spanish much more than either a place or the people who inhabit it: It humanizes a place as a state of being, as a set of values and allegiances. English has nothing quite as embracing.*

LA POESÍA

Y fue a esa edad . . . Llegó la poesía
a buscarme. No sé, no sé de dónde
salió, de invierno o río.
No sé cómo ni cuándo,
no, no eran voces, no eran
palabras, ni silencio,
pero desde una calle me llamaba,
desde las ramas de la noche,
de pronto entre los otros,
entre fuegos violentos
o regresando solo,
allí estaba sin rostro
y me tocaba.

Yo no sabía que decir, mi boca
no sabía
nombrar,
mis ojos eran ciegos,
y algo golpeaba en mi alma,
fiebre o alas perdidas,
y me fui haciendo solo,
descifrando
aquella quemadura
y escribí la primera línea vaga,
vaga, sin cuerpo, pura
tontería,
pura sabiduría
del que no sabe nada,
y vi de pronto
el cielo
desgranado

POETRY

And it was at that age . . . poetry arrived
in search of me. I don't know, I don't know where
it came from, from winter or a river
I don't know how or when,
no, they weren't voices, they were not
words, nor silence,
but from a street it called me,
from the branches of the night,
abruptly from the others,
among raging fires
or returning alone,
there it was, without a face,
and it touched me.

I didn't know what to say, my mouth
had no way
with names,
my eyes were blind,
my soul,
fever or forgotten wings,
and I made my own way,
deciphering
that fire,
and I wrote the first, faint line,
faint, without substance, pure
nonsense,
pure wisdom
of one who knows nothing,
and suddenly I saw
the heavens
unfastened

y abierto,
planetas,
plantaciones palpitantes,
la sombra perforada,
acribillada
por flechas, fuego, y flores,
la noche arrolladora, el universo.

Y yo, mínimo ser,
ebrio del gran vacío
constelado,
a semejanza, a imagen
del misterio,
me sentí parte pura
del abismo,
rodé con las estrellas,
mi corazón se desató en el viento.

and open,
planets,
palpitating plantations,
the darkness perforated,
riddled
with arrows, fire and flowers,
the overpowering night, the universe.

And I, tiny being,
drunk with the great starry
void,
likeness, image of
mystery,
felt myself a pure part
of the abyss,
I wheeled with the stars.
My heart broke loose with the wind.

AR

AQUELLAS VIDAS

Este soy, yo diré, para dejar
este pretexto escrito: ésta es mi vida.
Y ya se sabe que no se podía:
que en esta red no sólo el hilo cuenta,
sino el aire que escapa de las redes,
y todo lo demás era inasible:
el tiempo que corrió como una liebre
a través del rocío de febrero
y más nos vale no hablar del amor
que se movía como una cadera
sin dejar donde estuvo tanto fuego
sino una cucharada de ceniza
y así con tantas cosas que volaban:
el hombre que esperó creyendo claro,
la mujer que vivió y que no vivirá,
todos pensaron que teniendo dientes,
teniendo pies y manos y alfabeto
era sólo cuestión de honor la vida.
Y éste sumó sus ojos a la historia,
agarró las victorias del pasado,
asumió para siempre la existencia
y sólo le sirvió para morir
la vida: el tiempo para no tenerlo.
Y la tierra al final para enterrarlo.
Pero aquello nació con tantos ojos
como planetas tiene el firmamento
y todo el fuego con que devoraba
la devoró sin tregua hasta dejarla.
Y si algo vi en mi vida fue una tarde
en la India, en las márgenes de un río:
arder una mujer de carne y hueso

THOSE LIVES

This is what I am, I'll say, to leave this written
excuse.This is my life.
Now it is clear this couldn't be done —
that in this net it's not just the strings that count
but the air that escapes through the meshes.
Everything else stayed out of reach —
time running like a hare
across the February dew,
and love, best not to talk of love
which moved, a swaying of hips,
leaving no more trace of all its fire
than a spoonful of ash.
That's how it is with so many passing things:
the man who waited, believing, of course,
the woman who was alive and will not be.
All of them believed that, having teeth,
feet, hands, and language,
life was only a matter of honor.
This one took a look at history,
took in all the victories of the past,
assumed an everlasting existence,
and the only thing life gave him was
his death, time not to be alive,
and earth to bury him in the end.
But all that was born with as many eyes
as there are planets in the firmament,
and all her devouring fire
ruthlessly devoured her until the end.
If I remember anything in my life,
it was an afternoon in India, on the banks of a river.
They were burning a woman of flesh and bone

y no sé si era el alma o era el humo
lo que del sarcófago salía
hasta que no quedó mujer ni fuego
ni ataúd ni ceniza: ya era tarde
y sólo noche y agua y sombra y río
allí permanecieron en la muerte.

and I didn't know if what came from the sarcophagus
was soul or smoke,
until there was neither woman nor fire
nor coffin nor ash. It was late,
and only the night, the water, the river, the darkness
lived on in that death.

AR

PLENO OCTUBRE

Poco a poco y también mucho a mucho
me sucedió la vida
y qué insignificante es este asunto:
estas venas llevaron
sangre mía que pocas veces vi,
respiré el aire de tantas regiones
sin guardarme una muestra de ninguno
y a fin de cuentas ya lo saben todos:
nadie se lleva nada de su haber
y la vida fue un préstamo de huesos.
Lo bello fue aprender a no saciarse
de la tristeza ni de la alegría,
esperar el tal vez de una última gota,
pedir más a la miel y a las tinieblas.

Tal vez fui castigado:
tal vez fui condenado a ser feliz.
Quede constancia aquí de que ninguno
pasó cerca de mí sin compartirme.
Y que metí la cuchara hasta el codo
en una adversidad que no era mía,
en el padecimiento de los otros.
No se trató de palma o de partido
sino de poca cosa: no poder
vivir ni respirar con esa sombra,
con esa sombra de otros como torres,
como árboles amargos que lo entierran,
como golpes de piedra en las rodillas.

Tu propia herida se cura con llanto,
tu propia herida se cura con canto,

OCTOBER FULLNESS

Little by little, and also in great leaps,
life happened to me,
and how insignificant this business is.
These veins carried
my blood, which I scarcely ever saw,
I breathed the air of so many places
without keeping a sample of any.
In the end, everyone is aware of this:
nobody keeps any of what he has,
and life is only a borrowing of bones.
The best thing was learning not to have too much
either of sorrow or of joy,
to hope for the chance of a last drop,
to ask more from honey and from twilight.

Perhaps it was my punishment.
Perhaps I was condemned to be happy.
Let it be known that nobody
crossed my path without sharing my being.
I plunged up to the neck
into adversities that were not mine,
into all the sufferings of others.
It wasn't a question of applause or profit.
Much less. It was not being able
to live or breathe in this shadow,
the shadow of others like towers,
like bitter trees that bury you,
like cobblestones on the knees.

Our own wounds heal with weeping,
our own wounds heal with singing,

pero en tu misma puerta se desangra
la viuda, el indio, el pobre, el pescador,
y el hijo del minero no conoce
a su padre entre tantas quemaduras.

Muy bien, pero mi oficio
fue
la plenitud del alma:
un ay del goce que te corta el aire,
un suspiro de planta derribada
o lo cuantitativo de la acción.

Me gustaba crecer con la mañana,
esponjarme en el sol, a plena dicha
de sol, de sal, de luz marina y ola,
y en ese desarrollo de la espuma
fundó mi corazón su movimiento:
crecer con el profundo paroxismo
y morir derramándose en la arena.

but in our own doorway lie bleeding
widows, Indians, poor men, fishermen.
The miner's child doesn't know his father
amidst all that suffering.

So be it, but my business
was
the fullness of the spirit:
a cry of pleasure choking you,
a sigh from an uprooted plant,
the sum of all action.

It pleased me to grow with the morning,
to bathe in the sun, in the great joy
of sun, salt, sea-light and wave,
and in that unwinding of the foam
my heart began to move,
growing in that essential spasm,
and dying away as it seeped into the sand.

AR

NO HAY PURA LUZ

No hay pura luz
ni sombra en los recuerdos:
éstos se hicieron cárdena ceniza
o pavimento sucio
de calle atravesada por los pies de las gentes
que sin cesar salía y entraba en el mercado.

Y hay otros: los recuerdos buscando aún
        qué morder
como dientes de fiera no saciada.
Buscan, roen el hueso último, devoran
este largo silencio de lo que quedó atrás.

Y todo quedó atrás, noche y aurora,
el día suspendido como un puente entre sombras,
las ciudades, los puertos del amor y el rencor,
como si al almacén la guerra hubiera entrado
llevándose una a una todas las mercancías
hasta que a los vacíos anaqueles
llegue el viento a través de las puertas deshechas
y haga bailar los ojos del olvido.

Por eso a fuego lento surge la luz del día,
el amor, el aroma de una niebla lejana
y calle a calle vuelve la ciudad sin banderas
a palpitar tal vez y a vivir en el humo.

Horas de ayer cruzadas por el hilo
de una vida como por una aguja sangrienta
entre las decisiones sin cesar derribadas,

THERE IS NO CLEAR LIGHT

There is no clear light,
no clear shadow, in remembering.
They have grown ashy-gray,
a grubby sidewalk
crisscrossed by the endless feet of those
who come in and out of the market.

And there are other memories, still looking for
         something to bite,
like fierce, unsatisfied teeth.
They gnaw us to the last bone, devouring
the long silence of all that lies behind us.

And everything lies behind, nights, dawns,
days hanging like bridges between darknesses,
cities, doors into love and rancor,
as if war had broken into the store
and carried off everything there, piece by piece,
till through broken doors
the wind blows over empty shelves
and makes the eyes of oblivion dance.

That's why daylight comes with slow fire,
and love, the whiff of far-off fog,
and street by street the city comes back, without flags,
trembling perhaps, to live in its smoke.

Yesterday's hours, stitched by life
threaded on a bloodstained needle,
between decisions endlessly unfulfilled,

el infinito golpe del mar y de la duda
y la palpitación del cielo y sus jazmines.

Quién soy Aquél? Aquel que no sabía
sonreír, y de puro enlutado moría?
Aquel que el cascabel y el clavel de la fiesta
sostuvo derrocando la cátedra del frío?

Es tarde, tarde. Y sigo. Sigo con un ejemplo
tras otro, sin saber cuál es la moraleja,
porque de tantas vidas que tuve estoy ausente
y soy, a la vez soy aquel hombre que fui.

Tal vez es éste el fin, la verdad misteriosa.

La vida, la continua sucesión de un vacío
que de día y de sombra llenaban esta copa
y el fulgor fue enterrado como un antiguo príncipe
en su propia mortaja de mineral enfermo,
hasta que tan tardíos ya somos, que no somos:
ser y no ser resultan ser la vida.

De lo que fui no tengo sino estas marcas crueles,
porque aquellos dolores confirman mi existencia.

the infinite beat of the sea and of doubt,
the quiver of the sky and its jasmine.

Who is that other me, who didn't know
how to smile, who died of sheer mourning?
The one who endured the bells and the carnations,
destroying the lessons of the cold?

It's late, late, but I go on, from example to example,
without knowing what the moral is,
because, in my many lives, I am absent.
I'm here now, and I'm also the man I was,
both at the same time.

Perhaps that's it, the real mystery.

Life, steady flow of emptiness
which filled this cup with days and shadows,
all brightness buried like an old-time prince
in his own infirm and mineral shroud,
until we are so behind that we don't exist.
To be and not to be — that's what life is.

Of all that I was, I bear only these cruel scars,
because those griefs confirm my very existence.

AR

INSOMNIO

En medio de la noche me pregunto,
qué pasará con Chile?
Qué será de mi pobre patria oscura?

De tanto amar esta nave delgada,
estas piedras, estos terrones,
la persistente rosa
del litoral que vive con la espuma,
llegué a ser uno solo con mi tierra,
conocí a cada uno de sus hijos
y en mí las estaciones caminaban
sucesivas, llorando o floreciendo.

Siento que ahora, apenas
cruzado el año muerto de las dudas,
cuando el error que nos desangró a todos
se fue y empezamos a sumar de nuevo
lo mejor, lo más justo de la vida,
aparece de nuevo la amenaza
y en el muro el rencor enarbolado.

INSOMNIA

In the middle of the night I ask myself,
what will happen to Chile?
What will become of my poor, dark country?

From loving this long, thin ship so much,
these stones, these little farms,
the durable rose of the coast
that lives among the foam,
I became one with my country.
I met every one of its sons
and in me the seasons succeeded one another,
weeping or flowering.

I feel that now,
with the dead year of doubt scarcely over,
now that the mistakes which bled us all
are over and we begin to plan again
a better and juster life,
the menace once again appears
and on the walls a rising rancor.

AR

EL FUTURO ES ESPACIO

El futuro es espacio,
espacio color de tierra,
color de nube,
color de agua, de aire,
espacio negro para muchos sueños,
espacio blanco para toda la nieve,
para toda la música.

Atrás quedó el amor desesperado
que no tenía sitio para un beso,
hay lugar para todos en el bosque,
en la calle, en la casa,
hay sitio subterráneo y submarino,
qué placer es hallar por fin,
                              subiendo
un planeta vacío,
grandes estrellas claras como el vodka
tan transparentes y deshabitadas,
y allí llegar con el primer teléfono
para que hablen más tarde tantos hombres
de sus enfermedades.

Lo importante as apenas divisarse,
gritar desde una dura cordillera
y ver en la otra punta
los pies de una mujer recién llegada.

Adelante, salgamos
del río sofocante
en que con otros peces navegamos
desde el alba a la noche migratoria

THE FUTURE IS SPACE

The future is space,
earth-colored space,
cloud-colored,
color of water, air,
black space with room for many dreams,
white space with room for all snow,
for all music.

Behind lies despairing love
with no room for a kiss.
There's a place for everyone in forests,
in streets, in houses;
there's an underground space, a submarine space,
but what joy to find in the end,
                                    rising,
an empty planet,
great stars clear as vodka,
so uninhabited and so transparent
and arrive there with the first telephone
so that so many men can later discuss
all their infirmities.

The important thing is to be scarcely aware of oneself,
to scream from a rough mountain range
and see on another peak
the feet of a woman newly arrived.

Come on, let's leave
this suffocating river
in which we swim with other fish
from dawn to shifting night

y ahora en este espacio descubierto
volemos a la pura soledad.

and now in this discovered space
let's fly to a pure solitude.

AR

SÍ, CAMARADA, ES HORA DE JARDÍN

Sí, camarada, es hora de jardín
y es hora de batalla, cada día
es sucesión de flor o sangre:
nuestro tiempo nos entregó amarrados
a regar los jazmines
o a desangrarnos en una calle oscura:
la virtud o el dolor se repartieron
en zonas frías, en mordientes brasas,
y no había otra cosa que elegir:
los caminos del cielo,
antes tan transitados por los santos,
están poblados por especialistas.

Ya desaparecieron los caballos.

Los héroes van vestidos de batracios,
los espejos viven vacíos
porque la fiesta es siempre en otra parte,
en donde ya no estamos invitados
y hay pelea en las puertas.

Por eso es éste el llamado penúltimo,
el décimo sincero
toque de mi campana:
al jardín, camarada, a la azucena,
al manzano, al clavel intransigente,
a la fragancia de los azahares,
y luego a los deberes de la guerra.

RIGHT, COMRADE, IT'S THE HOUR OF THE GARDEN

Right, comrade, it's the hour of the garden
and the hour up in arms, each day
follows from flower or blood:
our time surrenders us to an obligation
to water the jasmines
or bleed to death in a dark street:
virtue or pain blows off
into frozen realms, into hissing embers,
and there never was a choice:
heaven's roads,
once the by-ways of saints,
are jammed now with specialists.

Already the horses have vanished.

Heroes hop around like toads,
mirrors live out emptinesses
because the party is happening somewhere else,
wherever we aren't invited
and fights frame themselves in doorjambs.

That's why this is the last call,
the tenth clear
ringing of my bell:
to the garden, comrade, to the pale lily,
to the apple tree, to the intransigent carnation,
to the fragrance of lemon blossoms,
and then to the ultimatums of war.

Delgada es nuestra patria
y en su desnudo filo de cuchillo
arde nuestra bandera delicada.

Ours is a lank country
and on the naked edge of her knife
our frail flag burns.

FG

EL EGOÍSTA

No falta nadie en el jardín. No hay nadie:
sólo el invierno verde y negro, el día
desvelado como una aparición,
fantasma blanco, fría vestidura,
por las escalas de un castillo. Es hora
de que no llegue nadie, apenas caen
las gotas que cuajaban el rocío
en las ramas desnudas del invierno
y yo y tú en esta zona solitaria,
invencibles y solos, esperando
que nadie llegue, no, que nadie venga
con sonrisa o medalla o presupuesto
a proponernos nada.

Ésta es la hora
de las hojas caídas, trituradas
sobre la tierra, cuando
de ser y de no ser vuelven al fondo
despojándose de oro y de verdura
hasta que son raíces otra vez
y otra vez, demoliéndose y naciendo,
suben a conocer la primavera.

Oh corazón perdido
en mí mismo, en mi propia investidura,
qué generosa transición te puebla!
Yo no soy el culpable
de haber huido ni de haber acudido:
no me pudo gastar la desventura!
La propia dicha puede ser amarga
a fuerza de besarle cada día

THE EGOIST

No one missing from the garden. No one here:
only winter, green and black, the day
sleepless as an apparition,
a white phantom, in shivers,
on the castle steps. The hour
when no one arrives, when drops
coagulating in the sprinkle
on naked winter trees now and then fall
and I and you in this solitary zone,
invincible and alone, keep hoping
no one arrives, no, that no one comes
bearing a smile or medal or pretext
to propose something to us.

It's the hour
when leaves fall, triturated
across the ground, when
out of being and unbeing they return to their source,
their gold and green stripped away
until they've gone to root again
and again, undone and reborn,
they lift their heads into spring.

Oh heart lost
within me, in my own investiture,
what sweet modulations people you!
I'm neither culpable
for running away nor for being saved:
misery couldn't wear me down!
Though gusto can sour
if it's kissed every day,

y no hay camino para liberarse
del sol sino la muerte.

Qué puedo hacer si me escogió la estrella
para relampaguear, y si la espina
me condujo al dolor de algunos muchos?
Qué puedo hacer si cada movimiento
de mi mano me acercó a la rosa?
Debo pedir perdón por este invierno,
el más lejano, el más inalcanzable
para aquel hombre que buscaba el frío
sin que sufriera nadie por su dicha?

Y si entre estos caminos
— Francia distante, números de niebla —
vuelvo al recinto de mi propia vida:
un jardín solo, una comuna pobre,
y de pronto este día igual a todos
baja por las escalas que no existen
vestido de pureza irresistible,
y hay un olor de soledad aguda,
de humedad, de agua, de nacer de nuevo:
qué puedo hacer si respiro sin nadie,
por qué voy a sentirme malherido?

and no one shakes free
from the sun but by dying.

What can I do if the star picked me
for its lightning, and if the thorn
pointed out to me the pain of all those others.
What can I do if every gesture
of my hand drew me closer to the rose?
Must I apologize for this winter,
the most remote, the most unapproachable
for that man who turned his face to the cold
though no one suffered for his happiness?

And if along these roads
— far-off France, foggy numbers —
I return to the precincts of my life:
a solitary garden, a poor quarter,
and suddenly this day like every other
runs down stairs that don't exist
dressed in irresistible purity,
and there's an odor of biting solitude,
of humidity, of water, of rebirth:
what can I do if I breathe by myself,
why will I feel cut to the quick?

FG

JARDÍN DE INVIERNO

Llega el invierno. Espléndido dictado
me dan las lentas hojas
vestidas de silencio y amarillo.

Soy un libro de nieve,
una espaciosa mano, una pradera,
un círculo que espera,
pertenezco a la tierra y a su invierno.

Creció el rumor del mundo en el follaje,
ardió después el trigo constelado
por flores rojas como quemaduras,
luego llegó el otoño a establecer
la escritura del vino:
todo pasó, fue cielo pasajero
la copa del estío,
y se apagó la nube navegante.

Yo esperé en el balcón tan enlutado,
como ayer con las yedras de mi infancia,
que la tierra extendiera
sus alas en mi amor deshabitado.

Yo supe que la rosa caería
y el hueso del durazno transitorio
volvería a dormir y a germinar:
y me embriagué con la copa del aire
hasta que todo el mar se hizo nocturno
y el arrebol se convirtió en ceniza.

WINTER GARDEN

It shows up, the winter. Splendid dictation
bestowed on me by slow leaves
suited up in silence and yellow.

I'm a book of snow,
a wide hand, a prairie,
an expectant circumference,
I pertain to earth and its winter.

The world's rumor stirred in forests,
later the wheat blazed, pixilated
with flowers red as burns,
then autumn arrived to introduce
the scripture of wine:
it all passed, the fugitive sky
was summer's out-held glass,
and the junketing cloud burned off.

I waited on the balcony, utterly miserable
as if yesterday had arrived with the ivies of childhood
for the earth to extend
its wings over my vacated love.

I knew the rose would droop
and the pit of the seasonable peach
would sleep and take root:
and I got loaded on a glass of air
until the whole sea went dark
and the iridescent sky turned ashen.

La tierra vive ahora
tranquilizando su interrogatorio,
extendida la piel de su silencio.
Yo vuelvo a ser ahora
el taciturno que llegó de lejos
envuelto en lluvia fría y en campanas:
debo a la muerte pura de la tierra
la voluntad de mis germinaciones.

Now the earth goes on,
slackening its interrogation,
the skin of its silence stretched out.
I've grown taciturn,
pitched here from a distance,
wrapped in cold rain and bells:
I owe to the earth's pure death
my fervor to germinate.

FG

Mark Eisner is currently a visiting scholar at Stanford University's Center for Latin American Studies. He is a writer, filmmaker, and executive director of Red Poppy (www.redpoppy.net), a progressive nonprofit with a focus on Latin America.